陕西省社会科学基金项目“陕西地方政府债券发行制度研究”（立项号：13D059）

西北大学经济管理学院博士文库

STUDY ON THE INSTITUTION OF THE CHINESE LOCAL GOVERNMENT BONDS INSURANCE MANAGEMENT

中国地方政府债券发行管理制度研究

地方政府债券发行管理制度可以划分为行政控制模式和市场约束模式，两种模式在融资能力、信息交流和风险控制三个方面体现出不同的市场绩效，中国地方政府债券发行管理制度改革以市场化为基本方向，但其演进仍将受到国家政体和财政体制的约束。

谢　平◎著

中国经济出版社
CHINA ECONOMIC PUBLISHING HOUSE
北　京

图书在版编目（CIP）数据

中国地方政府债券发行管理制度研究/谢平著．--北京：中国经济出版社，2018.7

ISBN 978－7－5136－5280－3

Ⅰ．①中… Ⅱ．①谢… Ⅲ．①地方政府－债券发行－监管制度－研究－中国 Ⅳ．①F812.7

中国版本图书馆 CIP 数据核字（2018）第 150483 号

责任编辑 贺 静
责任印制 马小宾
封面设计 华子设计

出版发行 中国经济出版社
印 刷 者 北京九州迅驰传媒文化有限公司
经 销 者 各地新华书店
开　　本 710mm×1000mm 1/16
印　　张 10.75
字　　数 171 千字
版　　次 2018 年 7 月第 1 版
印　　次 2018 年 7 月第 1 次
定　　价 59.00 元
广告经营许可证 京西工商广字第 8179 号

中国经济出版社 **网址** www.economyph.com **社址** 北京市西城区百万庄北街 3 号 **邮编** 100037
本版图书如存在印装质量问题，请与本社发行中心联系调换（联系电话：010－68330607）

前　言

从理论上来讲，分税制改革要求按照商品经济的原则处理中央与地方收支权限的划分，建立起“中央—省—市县”三级架构。每一级政府都应具有相对独立的政权、事权、财权、税基、预算、产权和举债权。因此，举债权是中国地方政府完整财政权力的重要组成部分。但受制于1994年的《预算法》，中国地方政府在很长的一段时间内被禁止公开发行债券融资。2008年年底，中国中央政府为了消除世界金融危机的不利影响，推出了4万亿元的投资计划。中央政府将负责筹集其中近30%的投资资金，其余70%的配套资金则来自于各地方政府、银行以及其他民间融资渠道。自1994年分税制改革之后，中国地方政府财政收入来源有限，难以保障如此大规模的投资支出。为了在地方贯彻和落实积极财政政策、增强地方安排配套资金的能力，中央政府决定于2009年恢复中国地方政府债券的发行。

地方政府债券的发行环节是整个地方政府债券市场运行中的首要环节。一般来讲，其内容大致包括前期发行计划的制订和审批、中期的信用评级和增级、后期的招标发行等诸多方面。相应地，地方政府债券发行制度是由发行审批制度、信用评级制度、投招标制度和其他相关法规所共同构成的一个制度体系。该制度体系在整个地方政府债券管理中处于基础性地位，它的特征将深远地影响地方政府债券管理的整体绩效。

地方政府债券发行制度，按照中央政府的干预程度大致可以划分为行政控制模式和市场约束模式两大类。产生于金融危机时期，由中央政府确立的中国地方政府债券发行制度具有鲜明的行政控制模式特征，中央政府通过对审批权的控制主导着地方政府债券的发行。在2015年地方债置换计划的推动下，中国地方政府债券发行规模首次突破万亿元。为了保证完成

3.8 万亿元的发行任务,中央财政部实施了大量的行政干预。从已有的国际经验来看,行政控制模式会导致市场规模受限、投资者结构单一、系统性财政风险加大等一系列现实问题。因此,本书将针对中国地方政府债券发行管理中的难题,在借鉴美、日等国地方政府债券发行经验的基础上,探讨中国地方政府债券发行制度演进的基本方向和具体的制度改良建议。

CONTENTS 目 录

1 导　言

1750 年,大卫·休谟提出了“公债亡国论”——国家不消灭公债,公债必然消灭国家。时至今日,根据国际货币基金组织公布的数据,全球政府债务的总量已经超过了 63.1 万亿美元。美国是政府债务规模最大的国家,政府债务总量近 20 万亿美元。中国以接近 5 万亿美元的总量排名第 3,仅次于日本。值得注意的是,中国的政府债务中包含大量的地方政府债务。据财政部副部长刘伟介绍,截至 2017 年,中国地方政府债务余额为 15.86 万亿元人民币,几乎达到了中国政府债务总量的一半。为了有效管理地方政府债务,财政部提出了“开前门、堵后门”,即将大量的地方债务转换为正规的地方政府债券,以达到控制债务总体规模和结构的目的。

本书所研究的地方政府债券产生于金融危机时期。2008 年年底,为了消除世界金融危机带来的不利影响,中国中央政府推出了总额为 4 万亿元的投资计划。中央政府负责筹集其中近 30% 的投资资金,其余 70% 的配套资金(总额 2.82 万亿元)则来自于各地方政府、银行以及其他民间融资渠道。自 1994 年分税制改革之后,中国地方财政总体收支差额已从 1994 年年底的 1726.59 亿元,逐步扩大到了 2008 年年底的 20598.7 亿元。各个地方政府公共财政支出能力有限,难以保障如此大规模的投资支出。为了在地方贯彻和落实积极财政政策,增强地方安排配套资金和扩大政府投资的能力,中央政府决定于 2009 年恢复中国地方政府债券的发行[1]。虽然地方政府债券在许多国家都受到了投资者的认可,中国的地方政府债券发行也经过多年的准备和酝酿,但实际的发行过程却是一波三折。一级市场上,多个省份被迫调整发行计划,吉林、广西、黑龙江及内蒙古等省份甚至推迟本省份的地方债券发行。以上情况,引发了当时关于现行地方政府债券制度,特别是发行管理制度是否合理的激烈讨论。

1.1 研究意义

地方政府债券的发行环节是整个地方政府债券市场运行中的首要环节。一般来讲，其内容大致包括前期发行计划的制订和审批、中期的信用评级和增级、后期的招标发行等诸多方面。一般情况下，发行环节的参与方主要包括作为监管者的中央政府、作为发行人的地方政府、负责信用评级和担保的各种金融机构、组织招投标工作的各类承销商以及参与投标的投资者。

本书研究的地方政府债券发行管理制度是指围绕地方政府债券发行各管理环节的制度安排所组成的一个制度体系，主要包括发行审批制度、信用评级制度、投招标制度和其他相关法律法规。该制度体系在整个地方政府债券管理中处于基础性地位，它的特征将深远地影响地方政府债券管理的整体绩效。地方政府债券的发行管理制度，按照中央政府的实际干预程度大致可以划分为行政控制管理模式和市场约束管理模式两大类。中国地方政府债券发行制度具有鲜明的行政控制模式特征，中央政府通过对审批权的控制主导着地方政府债券的发行，对地方政府债券发行的总量、利率、期限、方式以及份额等方面加以诸多限定[2]。虽然根据 2011 年 10 月颁布的《2011 年地方政府自行发债试点办法》，上海、浙江、广东和深圳四省份被允许自行发债。2014 年，自行发债进一步转变为自发自还，试点的省份扩大为 10 个。但自发自还的 10 个省份仍按照中央政府安排的发债限额、债券期限以及发行方式进行债券发行工作，因此，发债仍处于行政控制管理模式之下[3]。

在经济危机时期，这种模式保障了 2009 年 2000 亿元地方经济建设资金的筹集，但也暴露出了一系列问题。首先，审批限制过多，造成发行总量较小、债券品种较少，作为理论上发行主体的地方政府并未体现出过高的热情，在筹集经济建设资金方面仍依赖于已有的融资渠道。其次，由于投资收益较小、产品结构单一、信息成本较高等实际问题的存在，大部分机构投资者和一般投资者对地方公债望而却步，没有进入地方公债市场。最后，受限于难以扩大的市场规模，中央政府作为地方政府债券制度的主要设计者和推动者，亦无法通过地方政府债券的发行达到规范地方政府融资、推动分税制改革进程的目的。可以认为，地方政府债券市场的主要参与方都存在推动地方政府债券发行管理制度变迁的期望和意愿,它们之间的多方博弈将决定中国地方政府债券发行管理制度改革的方向和进程。研究地方政府债券发行管理制度的现实意义如下。

第一,探寻指导中国地方政府债券发行管理制度研究和改革的理论基础。关于中国地方政府债券的理论研究已有二十余年历史,研究成果基本集中于制度设计领域。2009 年的《2009 年地方政府债券预算管理办法》颁布后,中国地方政府债券管理制度得以正式确立。因此,关于中国地方政府债券发行管理制度的研究还需要进一步加深层次与拓宽内容。本书将在深入研究国内外相关地方政府债券发行管理理论的基础上,提出中国地方政府债券发行管理制度研究的理论框架,为中国地方政府债券发行管理制度改革提供必要的理论支持。

第二,客观、全面地评估目前中国地方政府债券发行管理制度的实际绩效。中国地方政府债券发行管理制度的改革,需要建立在对其实际绩效进行客观、全面评估的研究基础之上。由于在同一发行管理制度体系下,发行市场上不同利益主体所得到的实际利益存在差别,而概括性的评述会模糊各个利益主体的得与失,会影响对制度绩效的客观评价,更无助于对于制度变迁做出富有预见性的判断。因此,本书将依据中国地方政府债券发行市场中所固有的各种状态分解发行管理制度整体绩效,研究各个利益主体的具体利益得失,以期为中国地方政府债券发行管理制度改革提供充足的客观依据。

第三,对于中国地方公债发行中的各个环节的管理提出合理化建议。在严格的行政控制管理模式下,地方公债发行在发行审批、信用评级和招标发行等具体环节往往缺乏细致和严谨的制度安排。本书将蒙代尔世代交叠模型、混合规划法和静态贝叶斯博弈模型等现代经济学研究方法引入关于上述管理环节的研究之中,为科学改进中国地方公债发行管理制度提供合理化的政策建议,使之达到发行市场资源配置的最优化。

第四,在中国现阶段的财政体制框架下,依据中国财政制度变迁渐进式的路径依赖,明确提出关于地方政府债券发行管理制度改革的指导思想、具体措施和落实步骤,以期通过中国地方政府债券发行管理制度的改良和完善,逐步实现地方政府债券市场中各个参与方的潜在利益,从源头做好中国地方政府债券管理制度体系的构建。本书的根本目的在于抛砖引玉,为中国地方政府债券发行管理制度的相关研究提供可资借鉴的研究框架和分析方法,希望研究结论可以有助于中国地方政府债券发行管理制度的发展和完善,促使地方政府债券的发行切实起到支持地方基础设施建设和经济发展、落实地方政府应有财权、推进分税制改革和完善地方公共财政体系建设的作用。

1.2 国内外研究现状

地方政府发行债券的历史可以追溯至13世纪,当时法国北部的城市以本地区财政收入为担保,广泛地发行年金以募集资金。但直至近代,地方政府债券作为一种地方政府向债权人承诺偿还本金并按时支付利息的债权债务凭证,才为大多数国家和地区政府所接受,并成为地方政府主要的融资渠道之一[4]。在过去的数十年内,世界上许多国家的公共债务都呈现出了快速上升的趋势,在这些国家中,地方政府的债务也同样迅速扩大。出于对地方债务的担忧,财政学界逐渐加强了对于地方政府债券发行管理制度的研究。这项研究可以划分为制度比较研究、制度绩效研究、制度变迁研究和制度设计研究四个层面,其中,制度比较研究是整个研究体系的基础,通过比较各个国家的地方政府债券发行管理制度,可以发现各国发行管理制度在结构和安排上的相同与不同之处,进而划分出不同的管理制度模式。比较研究之后,可以对不同发行管理制度模式下的地方政府债券发行市场基本情况加以横向比较,从而评估发行管理制度的实际绩效。根据评估结果,在深入分析各个国家地方政府债券发行管理制度演进历程的基础上,结合本国财政体制改革的方向和路径,即可以判断一国地方政府债券发行管理制度未来制度变迁的方向、形式和内容。在确定改革方向之后,则可以根据相关的经济学理论,对各个发行环节的管理制度安排提出相应的合理化建议。因此,本书将从四个层面梳理国内外关于地方政府债券发行管理制度的研究现状。

1.2.1 关于地方政府债券发行管理制度比较研究

美国学界普遍缺少对于地方政府债券发行管理制度比较研究的热情。这是由于美国的地方政府债券市场历史悠久、规模巨大,并一直保持着较为稳定的地方政府债券发行管理制度。因此,美国学界更多的是向其他国家,特别是新兴市场国家推荐自己的地方政府债券管理制度,希望其他国家的地方政府债券管理制度依据美国的地方政府债券管理制度进行构建。然而世界上始终存在着不同于美国的地方政府债券发行管理制度。在美国之外,许多研究者对于地方政府债券发行管理制度多元化现象充满了研究兴趣,此举推动了全球范围内的地方政府债券发行管理制度的比较研究,并取得了一定的研究成果。

地方政府债券发行管理制度作为地方政府债务管理体系的一个部分,其制度结构和制度安排将体现出整个债务管理体系的基本特征。意大利学者 Ter – Minassian(1997)将地方政府债务管理划分为四种模式:以日本、韩国、英国为代表的中央行政管理模式;以德国、意大利为代表的法律约束管理模式;以澳大利亚、丹麦、南非为代表的中央与地方协商管理模式;以美国、加拿大、法国为代表的市场约束管理模式。Ter – Minassian 在其专著 *Fiscal Federalism in Theory and Practice* 中,按照四种模式的划分,对多个国家的地方政府债务管理模式进行了比较研究。研究对象包括 20 个工业化国家、13 个发展中国家和 20 个转型经济体。在考察以上国家地方政府债务管理模式及其运行情况的基础上,他又分析和阐述了四种管理模式的利弊所在[5]。Ter – Minassian 的研究奠定了地方政府债券发行管理制度比较研究的基础,但 Ter – Minassian 的研究虽然全面却有失深度。一方面,对于四种模式划分的标准缺乏必要的说明;另一方面,将产生四种不同管理模式的原因笼统地解释为各国在历史、国家和财政体制、宏观经济情况和金融市场发展状况等方面存在差别,这容易导致一种存在即合理的误解。在 Ter – Minassian 的研究中,他也承认纯粹的市场约束模式只存在于法国、加拿大的部分地方政府债务管理之中,而在其向世界银行提交的一份名为 *Decentralization and Macroeconomic Management* 的报告中,将中央与地方协商管理模式并入市场约束管理模式,将四种管理模式简化为三种,即中央行政管理模式、法律约束管理模式和市场约束管理模式[6]。因此,在进行地方政府债券发行管理制度研究时,无须拘泥于 Ter – Minassian 的四种管理模式的划分。土居丈郎(2005)按照 Ter – Minassian 的四种管理模式的划分,着重对于日本、英国、美国、德国、法国、瑞典和加拿大等几个主要地方政府债券发行国的地方债券发行状况和发行制度进行了比较分析[7]。各国地方政府债券的实际发行状况主要通过地方债券发行额与地方财政收入的比值,以及地方债券的使用范围两个方面加以说明。发行制度则考察了各个国家地方政府债券发行审批权的归属、审批的标准、偿还危机的处理机制等几个方面。通过比较,土居丈郎发现行政控制管理模式下,日本地方政府债券发行管理制度体系中最为特别和重要的两项制度安排,即中央审批制度和中央信用担保制度[8]。土居丈郎所概括出的日本地方政府债券发行制度中具有特色的制度安排,在其他采取行政管理模式的国家的地方政府债券发行制度安排中也有不同程度的体现。因此,其研究结果对于采取相同管理制度模式的中国地方政府债券发行管理制度研究具有一定的参考价值。

中国的地方政府债券制度建立得较晚,在制度的讨论和设计阶段,为了汲取外国地方政府债券管理经验,中国学者对国外地方政府债券管理制度进行了长时间的比较研究。在诸多外国经验中,中国学者最为关注美国和日本的发行管理制度。这是因为,美国具有世界上最大的地方政府债券市场和一直保持稳定的发行管理制度;而日本具有与中国相近的政治和财政体制,对于中国的制度设计者来说,日本的地方政府债券发行管理制度具有很高的参考价值。黄桦(1993)考察了美、日地方政府债券管理的基本情况,涉及发行管理的内容包括预算体制、相关法规、发行规模、对象、利率、期限和资金用途等方面。在结合中国实际情况的基础上,黄桦认为中国地方政府在受到内在约束机制、中央政府制约机制、国家银行制约机制和地方法律监督机构制约机制四层制约的前提下,可以通过发行地方政府债券解决市政建设资金紧张的问题[9]。邓晓兰(2003)列举和分析了美、日两国在地方政府债券发行管理过程中曾经暴露出来的诸多问题。依据国际经验,其主张在中国地方政府债券发行管理制度体系中,必须对地方政府的发债行为、信息披露和风险防范等方面设定严格的监督和约束制度[10]。宋立(2009)将造成美国与日本地方政府债券管理制度不同的原因解释为政治体制和金融系统方面的不同。宋立认为,美国是分权制和金融市场主导型金融系统的典型代表,日本则是集权制和银行主导型金融系统的典型代表。其认为两国地方政府债券管理制度受到以上两种基本制度的严格约束,虽然结构相似但内容差异较大,特别是在发行权的归属和发行审核的程序上存在明显区别[11]。宋立的研究将关于地方债券发行管理制度的比较研究提升到了国家体制和金融系统的层面,这一点有别于其他研究者的比较研究。但在宋立的研究中，缺乏关于地方政府债券所共有的经济学特性的探讨，使得地方政府债券发行管理制度的比较研究被局限于中央行政管理模式与市场约束管理模式的区别比较之中，发行管理制度容易被误解为要么市场、要么调控。实际上，在相对固定的制度结构中，具体的制度安排始终会随着地方政府债券市场的发展而发生改变。而较少借助制度经济学理论分析，使得宋立的比较分析研究难以深入。

比较国内外的研究成果，可以认为国外研究在研究视野方面明显开阔。首先，国外研究明确提出财政分权是当前地方政府债券发行管理制度研究的时代背景，国内研究则往往忽视这一重要的财政体制改革潮流；其次，国外研究涵盖了发达国家和发展中国家，中国则局限于美、日两国的比较研究，没有全面考察世界上多样、丰富的各种地方政府债券发行管理制度安排。但中国研究者强调应将地方政府债券发行管理制度视为国家财政体制的有机组成部分，认为其制度比较分析应上升到国家宪法、政治体制、财政体制和金融体制层面，这一观点具有其合理性。

1.2.2 关于地方政府债券发行管理制度绩效研究

地方政府债券发行管理制度绩效研究包括针对地方政府债券发行所产生的整体经济影响研究和某些特殊制度安排（如信用评级制度、中央财政担保制度等）所产生的局部经济影响两个部分。关于前者，各国学者从理论分析和实证分析的角度进行了大量的研究，后者的研究成果大多来自美国学界。这主要是由于美国的地方政府债券相关的管理制度自 20 世纪 80 年代税法改革后，就一直保持着较为稳定的制度结构。

在关于地方政府债券发行所产生的整体经济影响研究方面，一部分研究者致力于将经典的公债理论扩展至地方政府债券研究领域，由此探讨地方政府债券发行对地方经济产生的影响。赤井伸郎（1994）将经典的李嘉图等价定理引入地方政府债券研究。在假设土地价格并非市场定价、地方政府拥有地税权利的前提下，他论证了即使不存在代际利他，李嘉图等价定理同样也适用于地方政府债券。以此可以推论，如果公众是理性预期，那么不管是发行地方政府债券融资还是税收融资，都不会影响地方经济中的消费、投资、产出和利率水平[12]。John，William（2009）放宽了赤井伸郎的假定条件，将市场定价土地价格的假定引入分析，他证明了地方政府的课税基础只是地税时,李嘉图等价定理成立;反之,李嘉图等价定理则不适用于地方政府债券[13]。李嘉图等价定理的引入,为研究地方政府债券的整体经济影响和确定其合理规模提供了必要的适用于所有地方政府债券发行市场管理的一般理论基础。除了一般理论研究,另一部分学者对不同制度模式的实际绩效进行了实证检验。Raju Singh 和 Alexander Plekhanov(2005)利用 44 个国家 1982—2000 年的面板数据,对可能影响地方政府财政赤字的各种制度安排进行了实证分析。结果显示,在有效控制地方财政赤字方面,四种地方政府债券管理制度模式之间并不存在明显差别,实际的管理结果主要取决于纵向财政不平衡的程度、中央财政的救援先例和地方财政报告的质量等其他制度变量[14]。以李俊生为首的《中国地方债务管理研究组》(2011)在 Raju Singh 和 Alexander Plekhanov 研究的基础上,更新了时间序列数据,并进一步强调政治变量的作用。其研究结果与 Raju Singh 和 Alexander Plekhanov 的结论基本一致,不同之处在于肯定了行政控制模式在长期控制赤字规模方面的作用[15]。在中国学界,对地方政府债券的经济影响一直存在着激烈的争论。一部分研究者认为地方政府债券发行可以有效地解决地方政府融资问题,对地方经济发展产生正面的推动效应;而另一部分学者则认为地方政府债券的发行有违财政平衡原则,风险难以控制,具有不可忽视的负外部效应。刘俐(1987)针对上海当时的市政建设资金短缺的状况,提出发行地方政府债券,以筹集社会资金支援上海基础设施改造和城市建设,并强调发行地方政府债券不会影响银行存款[16]。张琳(2001)针对西部大开发资金短缺,同时融资渠道狭窄的问题,根据已有的国际经验提出应允许地方政府发行债券以筹集开发资金[17]。洪源(2009)根据"长株潭"实验区基础设施建设资金需求较大,而财政资金与银行信贷资金有限的实际情况,提议应以项目未来收益为担保发行地方政府债券,缓解地方政府的财政支出压力[18]。邓晓兰(2003)通过财政分权理论,分析和强调了地方政府自主发行债券对于推进中国分税制改革具有重要的现实意义。文章指出,中国地方财政一方面面临财政收支缺口的不断扩大,另一方面又始终缺少税收立法权和足够的转移支付支持,从而导致了制度外融资的逐渐失控。允许地方政府自主发行债券将有助于解决这一困境[19]。其后,邓晓兰(2005)又进一步指出中国公共财政体制建设应包含以公共产品提供为目的,并受到民主机制约束的地方政府公债融资权[20]。但鉴于中国的基本国情,地方政府公债融资权仍需接受中央政府的监管。支持地方政府发行债券的一方最为看重的是地方政府债券的融资作用,将发债融资以支持地方公共设施建设视为发行地方政府债券最为重要的意义所在。在反对的一方,毛寿龙(2005)根据宪政原则,提出政府的财政预算作为公共预算,应该收支平衡,不可轻易改变。地方政府债券的发行本身意味着政府的失误,应考虑通过开征物业税缓解财政困难。但毛寿龙并未否认地方政府债券在有效提供公共产品、平衡代际公平方面的积极作用[21]。杨志勇(2009)认为在地方债发行的配套条件不完善的情况下,中国目前采取的由中央代为发行地方债的发行管理制度一方面可以缓解地方政府资金紧张状况;另一方面可以控制地方政府债券发行所产生的经济影响。杨志勇认为提升地方公共服务水平和推动地方财政政策的落实,是地方债发行的根本目的所在。为了达到这一目标,首先,需要将政府债务显性化,使市场评估地方政府信用水平;其次,募集资金应尽量使用在基础设施建设和用于民生改善的公共服务上;再次,要加强对于地方政府债券发行的约束机制以提高资金的使用效率;最后,建立地方债与中央债的协调机制[22]。

在对于特殊制度安排的经济影响的研究方面,不同管理制度模式下的研究具有不同的侧重点。信用评级和信用担保制度是市场约束管理模式的重要特征之一。在地方政府债券信用评级方面,一般认为较大规模的发行人即发行次数较频繁者,比较小规模的发行人即发行次数较少者,应该较少使用信用评级。而研究得出的结论却恰恰相反。Ziebell(1992)指出最小的城市发行人更不可能进行信用评级。在承认发行人存在信用评级的现状偏好的条件下,研究结果可以解释为小的发行人可能认为信用评级不大可能带来足够的利益以抵消过去不进行债券信用评级的惰性;而大的发行人可能会对多次信用评级的模式产生路径依赖[23]。在采取行政控制管理模式的国家,由于地方债券发行量的增加以及投资者结构的逐渐多元化,也开始逐步引进信用评级制度。日本的地方政府债券信用评级制度主要考察地方政府所在地区的经济状况、债务偿还能力、财政收支结构和财政运营能力四个方面。面对国际信用评级机构往往给予日本地方政府债券较低评级的现状,丹羽由夏(2004)认为造成日本各地方的政府债券信用较低的原因在于有关地方债券发行的制度存在缺陷,具体包括发债许可制度、发行计划制订规则、财政再建制度和地方交付税制度,进行相对应的制度改革将有助于提高日本地方政府债券信用水平[24]。在信用担保的研究中，William，E. Morgan 和 Orman Paananen（1978）批评了通过州政府信用担保市政债券发行的行为，William 认为州政府信用担保会导致资源的不合理分配，并破坏各市政府之间的公平竞争。William 承认如果发行的地方政府债券所投资的项目在全州范围内产生了正的外部效应，那么这种担保行为将具有一定的经济学意义上的合理性。但他强调在市场上有私人机构可以提供信用担保服务时，仍不应由州政府提供担保[25]。在发行方式选择方面，一般认为政府采取荷兰式招标比采取美国式招标可以获得更多的收入，然而相关的实证研究显示，地方政府选择发行方式并不完全依赖这一论断。Simonsen（1998）的研究表明，发行人不仅会为减少发行的利息成本而选择发行方式，还会考虑其他原因。针对俄勒冈州债券发行人行为的研究表明，尽管发行人感觉到减少发行的利息成本是非常重要的，但他们仍然引用过去的经验作为决定销售方式的重要因素。而且，被引援的发行人雇用特定包销人的重要原因，就是以前和政府的工作关系情况[26]。KA Kriz（2000）发现，在 39 个州的债券发行人当中，有 22 个发行人会使用同一种销售方法[27]。June Peng，Peter F. Brucato（2004）关注于地方政府债券市场上存在的信息不对称问题。他们认为合理地利用已有的市场机制，如自身信用认证、第三方信用认证、信用担保和转换发行方式都有助于缓解这一问题。其利用二阶段转换回归模型，检验了现有机制对地方政府债券市场的影响，并得到了正面的结果。由此提出合理的使用市场机制有助于发行人降低成本，有助于投资人提高收益[28]。土居丈郎（2007）在其著作《地方债改革的经济学》一书中，详细地介绍了日本地方政府公债制度的特征、历史和现状。他着重分析了小泉内阁主导的“三位一体改革”后，日本地方债务居高不下，甚至出现了夕张市财政破产的尴尬局面。土居丈郎将地方政府发债缺乏有效的自我约束和外部监督机制的状况归咎于日本公债管理制度中中央政府影响力过大，特别是以中央财政信用担保地方发债的政策更是激励了地方政府不负责任的发债行为[29]。中国和日本在政治体制上都属于单一制国家。在财政体制上，中国和日本之间亦存在很多的相似之处。而 2009 年中国推出的地方政府债券管理制度采取了与日本较为接近的中央行政管理模式，被土居丈郎视为日本地方政府债券发行管理制度特点的发行审核制度和中央财政担保制度在中国发行管理制度中亦有所体现。

地方政府债券制度绩效研究始终充满争议。关于地方政府债券的发行会产生怎样的经济影响，是推动地区经济增长，还是阻碍了经济的发展；信用评级能否帮助投资者，或是提高地方政府债券的市场竞争力；哪一种发行方式更有助于发行人节约成本；信用担保制度是否扰乱了市场的正常运行等关于地方政府债券制度绩效的学术争论从未停止。而这些争论也推动了这一领域科研水平的迅速发展。美国地方政府债券市场庞大、历史悠久、制度稳定，大量的经济学和统计学工具得以与丰富的数据资料相结合，运用于美国地方政府债券发行管理制度的绩效研究，并产生了大量的研究成果。中国在这一领域的研究明显落后，国外研究中所采取的数理推导和实证检验的研究方法，对于中国正在发展的地方政府债券发行管理制度绩效研究可以起到很好的启示和借鉴作用。

1.2.3 关于地方政府债券发行管理制度变迁研究

根据世界银行于2005年做出的统计，在发行地方政府债券的44个主要国家中，有7个国家对于自身的地方政府债券发行管理制度进行过重大的改革，并且作为世界第二大经济体的中国也于2009年建立了地方政府债券发行管理制度。如何评价这些制度变迁所产生的影响、解释制度变迁产生的动因、理解制度变迁在方式上的选择，是地方政府债券发行管理制度的变迁研究的三个主要问题。

Matthew, R. M. (1994)研究了美国20世纪80年代税法改革对地方政府债券市场产生的影响。他指出地方政府债券市场的细分并未随着投资者结构的改变而消失。随着免税债券限制的增多，商业银行开始净卖出地方债，但同时免税的共同基金和免税的货币市场基金进入市场，与私人投资者一起成为短期地方政府债券市场的投资主体[30]。W. Bartley(2005)则认为20世纪80年代税法改革对市政债券的发展影响巨大，使得当今的市政债券市场在各方面都已经与改革之前大不相同，包括个人投资者成为投资主体，债券保险从小到大得到迅速发展，规范的评级制度建立并且对投资者的决策影响巨大，等等[31]。以上两位学者的研究证明，即使在市场化程度很高的美国地方政府债券市场，发行管理制度的变迁仍会对地方政府债券市场的结构和运行产生不可忽视的影响。但以上研究也显示，自20世纪80年代税法改革以后，美国再没有发生过全面影响地方政府债券市场的制度变迁，其地方政府债券发行管理制度结构和其他相关制度安排长期保持稳定。对于地方政府债券制度变迁动因的研究，鈴木伸幸(2005)认为地方债制度的变迁取决于其所处市场和政治环境的变化。未来日本地方债制度的演进方向，需要依据地方政府财政状况、各利益主体对于现行地方债制度的容忍度和地方债市场发展趋势等三方面的变化来作出判断[32]。鈴木伸幸的研究结论对于研究地方政府债券发行管理制度变迁的动因具有一定的参考价值。日本学者还对近年来日本地方政府债券发行市场发生的显著变化进行了研究。根据井潟正彦、三宅裕樹(2007)的研究，日本地方政府债券发行在近几年发生了以下明显变化：①地方债每年发行量有升有降，但未偿地方债总额逐年攀升；②地方债投资者结构发生变化，一般投资者与国际投资者逐年增多；③面向债券市场直接公募发行的债券增多；④发行审核制度从中央审批向中央与地方协商过渡；⑤引入信用评级制度后，日本各地方的政府债券信用评级普遍偏低。他们认为普通投资人和外国投资者增多，所导致的投资者结构变化最值得注意。新增加的投资者对于地方政府债券的相关信息具有强烈的需求。为了吸引更多的投资者，地方债的发行者主动改革管理以迎合新投资者的制度需求。已经开始的改革的内容有健全地方政府债券会计制度、加强公募发行力度和引入信用评级制度等[33]。这些制度的改变揭示了中央行政管理为主的地方政府债券发行管理模式可能的调整方向。

中国地方政府债券发行管理制度建立时间较晚，中国学界所进行的制度变迁研究主要针对的是中国地方政府债券发行管理制度从无到有这一过程。金永军(2009)认为现行的地方政府债券发行制度只是金融危机条件下各个利益主体之间所达成的短期制度均衡而非制度变迁，进而批评现行的地方政府债券实质上是“准国债”。金永军认为健全和完善中国地方政府债券发行制度，就必须修改《预算法》和制定《地方政府债券管理法》；在财政部下专门设立地方政府债券管理部门，与其他相关部门协调合作，共同审批地方政府债券的发行计划；加强地方政府债券信息披露，建立评级和审计机制；引入信用增级和保险制度，分散地方政府债券信用风险[34]。金永军设立了一个完善的地方政府债券发行制度的标准，并认为地方政府债券发行制度如不可达到此标准便是处于某种非均衡状态，而这种非均衡状态是不可持续的，因此不可将现行的中国地方政府债券发行管理制度视为正式制度。金永军的制度变迁观点过于严格，中国地方政府债券发行管理制度达到他的标准不但需要自身制度的调整，还需要上层制度结构如财政体制和政治体制发生相应的变化。邓晓兰(2010)在回顾中国地方政府债券制度变迁历程的基础上，指出中国地方政府债券制度变迁具有强制性制度变迁的基本特征。地方政府债券制度从建立到废止，再到恢复的变迁历程，每一阶段性变革的贯彻实行都依赖于中央政府的法律或命令。在全球金融危机的背景下，中国地方政府债券制度得以迅速确立和推行，充分体现了强制性制度变迁的优势所在。但决策者制定宏观经济政策，依据的是自身对于客观经济形势的主观判断，而决策者自身以往的经验和知识结构是其作出判断的基础。由于有限理性的客观存在，中央决策者存在出现判断失误的可能性。计划经济时期地方政府债券发行的取消、转型时期禁止地方政府举债的法规，以及恢复地方债券发行制度中过于严格的审批制度等，都暴露出由中央主导的强制性的地方政府债券发行制度变迁，在一定程度上存在制度供给不足、延续无效政策和目标单一等问题[35]。该篇文章虽然阐述了中国地方政府债券发行管理制度变迁的特点、方向和措施，但由于缺乏国际经验的比较和借鉴，并没有给出关于中国地方政府债券发行管理制度改革步骤的具体建议。

在制度变迁研究领域，各国的研究程度各不相同。具有较为稳定制度结构的国家，如美国对地方政府债券发行管理制度变迁的研究往往只限于制度变迁的影响研究。在发行制度长期处于改革状态的日本等国，制度变迁研究则扩展至变迁的动因研究和方式研究，研究的内容美国更为全面。虽然中国在发行制度变迁研究方面开始的时间较晚，但由于其与新制度经济学中制度变迁理论的有机结合，使得中国地方政府债券发行管理制度变迁研究取得了许多具有较高参考价值的研究成果。

1.2.4 关于地方政府债券发行管理制度设计研究

制度设计研究包括对现有地方政府债券发行管理制度的修改和创建新的地方政府债券发行管理制度两部分内容。其中，如何在本来不存在地方政府债券发行管理制度的国家合理地创建出有效和稳定的地方政府债券发行管理制度，是该领域研究的重点。

在关于现有地方政府债券发行管理制度的改革研究方面，大部分国外的研究成果都主张以市场约束模式为参考，进行地方政府债券发行管理制度改革。土居丈郎主张日本应借鉴美国的市场约束管理模式，将发债权完整地回归地方政府，地方政府发行债券时依靠市场机能自行调节，对国库补助金、税源、地方交付税和地方债进行“四位一体改革”。James Leigland (2010)系统地考察了南非、菲律宾、印度尼西亚和波兰的地方政府债券市场，认为新兴市场国家有着通过发行地方政府债券来推动经济增长的意图和决心。但新兴市场国家在发行管理方面客观存在发行经验不足、二级市场不活跃、中央政府管制过严、信用基础不牢靠、相关信息不充分、缺少金融机构协助和中小投资者参与等问题。James Leigland 认为这些国家的决策者应学习和利用美国发展地方政府债券市场的经验。虽然这些国家的地方政府债券市场不可能在短期内完全照搬美国模式，但可以以美国地方债券市场的特点为参考，逐步改革[36]。

作为最新的地方政府债券发行管理制度，中国的地方政府债券发行管理制度经历了漫长和细致的研究与讨论过程，并产生了近期制度设计领域最为突出的研究成果。贾康(2002)评估了当时中国地方政府融资平台的基本状况，指出地方政府通过中央政府获取资金的几种途径，如举借外债、国债转贷等，但始终规模有限，难以满足地方政府实际的资金需求；而地方政府通过信托公司或市政建设公司的变相举债，明显缺乏有效监督，资金使用效益不高，容易滋生腐败。在借鉴外国经验的基础上，针对地方政府融资的制度性障碍，提出了关于地方政府债券发行主体资格确定、期限和利率结构安排，以及发行方式选择等方面的具体建议。贾康认为发行地方政府债券需要处理好四个问题，包括遏制地方政府机会主义行为——过度举债，避免地方政府债券发行影响宏观货币供应量控制，防止“马太效应”的出现，以及消除地方政府债券发行对国债发行的不利影响[37]。以上四个问题也成为中央设计新的地方政府债券发行制度时所主要关注的问题。董奋义(2003)提出地方政府债券管理制度除了必要的监管体制，还应包括信用评级制度，并辅以市场化的发行利率定价机制[38]。方红生(2002)针对有关发行地方政府债券可能会对国债市场造成不利影响的担忧，根据欧盟对于成员国发行公债的管理办法以及价格水平决定的财政理论，构建了一个由中央政府和地方政府共享地方政府债券发行权的理论模型[39]。邓晓兰(2004)认为地方政府债务是在地方公共产品需求扩大和财政收支缺口加大的双重压力下产生的问题。在充分考虑中国地方财政监督机制现状的基础上，应首先建立中央政府监管下的地方政府债券制度[40]。

2009年地方政府债券制度基本建立后，学术界开始讨论现行地方政府债券发行管理制度存在的问题和解决办法。批评意见主要集中于过于集权化的中央审批制度。王红建（2009）认为现行的地方政府债券发行管理制度虽然产生了一定的经济效应，但有违宪政精神。随着中国财政分权改革的深入，中央政府应向地方政府转移地方政府债券的发行管理权。具体过程需由全国人大按照立法保留原则，启动相应的立法程序加以实施[41]。冯果、李安安（2011）认为中央代发地方政府债券缺少必要的法律保障，地方政府债券发行容易导致道德风险、通胀风险、操作风险等一系列问题的产生，并且由于中央政府与地方政府间权责不清而难以有效管理。因此，有必要尽快完成对于《预算法》的修订和《政府间财政关系法》的建立[42]。以上两位学者从不同的角度强调了构建中国地方政府债券发行管理制度法律基础的必要性和紧迫性。

在地方政府债券发行管理制度设计研究领域，国外研究大多主张以美国地方政府债券发行管理制度为标准，构建或改进一国的地方政府债券发行管理制度。中国的地方政府债券发行管理制度在设计方面更注重与本国政治和财政体制的契合，希望有效地解决中国财政所面临的现实问题。中国的研究者在不同程度上都认识到了中央审批制对地方政府债券市场的深远影响，并从法和经济学的角度对这一制度安排加以批评。但由于在设计研究中，缺乏对于建立地方政府债券发行管理制度基本原则和程序等重要问题的深入探讨，以致关于中国地方政府债券发行管理制度设计的具体主张相似程度较高，且缺乏必要的可行性分析。

1.2.5 国内外研究评述

通过对地方政府债券发行管理制度研究的回顾，可以认为地方政府债券发行管理制度研究已经形成了涵盖制度比较研究、制度绩效研究、制度变迁研究和制度设计研究四个重要方面内容的理论体系。但值得注意的是，在不同的国家和组织之间，关于地方政府债券发行管理制度的研究方向和研究深度方面存在着较大的不同之处。在地方政府债券市场最为成熟、相关制度结构最为稳定的美国，地方政府债券发行管理制度研究的重点在于制度绩效研究。除此之外，只有少量文献涉及20世纪80年代税法改革对于市场的影响分析。反观日本、巴西等国的相关研究，则注重于制度比较和制度变迁研究。其研究一方面肯定了以美国为代表的市场约束管理模式的优越性；另一方面在设计具体的制度改革方案时，仍坚持在本国自身的政治和财政体制框架下，探讨具有较高可行性的改革措施。这些具体的改革措施往往与市场约束管理模式下的制度安排仍存在不小的差别。世界银行在制度比较研究方面做出了突出的贡献，同时也对四种地方政府债券发行管理制度进行了初步的绩效研究。世界银行的研究结果没有直接提出何种发行管理制度更为优秀，并且对部分国家已经发生的地方政府债券发行管理制度变迁也没有作出必要的理论分析。因此，虽然国外已有大量关于地方政府债券发行管理制度的研究成果，但是在关于地方政府债券发行管理制度优劣比较和地方政府债券发行管理制度演进方向两个重要方面，目前仍没有得出明确的结论。中国作为新近建立地方政府债券发行管理制度的国家，在发行管理制度比较和设计领域产生了大量的研究成果，并在制度变迁领域运用强制性制度变迁理论建立了独特的分析框架。但由于在制度绩效研究方面处于起步状态，对中国现行地方政府债券发行管理制度的绩效评估一直缺乏必要的理论支持和严谨的分析框架，所以难以对中国地方政府债券发行管理制度进行全面和准确的评价。在制度绩效研究方面的滞后阻碍了其他研究领域的进一步发展，加强制度绩效研究是现阶段中国地方政府债券发行管理制度研究工作的首要任务。因此，今后在全面、客观和细致地对中国地方政府债券发行管理制度进行绩效评估之后，对中国地方政府债券发行管理制度的研究应该进入关于制度改良的研究工作阶段。通过引入经济学相关理论，特别是最优化理论和博弈理论，对有关中国地方政府债券发行管理制度的各种具体优化建议进行可行性分析，筛选出适合于中国地方政府债券发行管理的各种制度安排。以选定的制度安排为基础，根据中国地方政府债券发行管理的基本原则，构建起新的发行管理制度结构，进而再按照渐进式改革路径明确发行管理制度改革的基本步骤。

1.3 研究目标、方法、思路与主要内容

1.3.1 研究目标

本书的总体研究目标是在深入研究和分析当前中国地方政府债券发行管理制度的基础上,依据国际经验和相关经济学理论,逐步构建符合中国公共财政体制特征的地方政府债券发行管理制度体系。现行的中国地方政府债券发行管理制度具有鲜明的行政控制管理模式的特征,中央政府通过对审批权的控制主导着地方政府债券市场的运行。在行政控制管理模式下,中央政府运用行政调节和信用担保的手段为地方政府债券募集资金,在配合国家财政政策和货币政策的前提下,希望达到推动和平衡各个地区的经济增长的目的。经济危机时期,此模式在一定程度上保障了地方经济建设资金的筹集,但这种过于严苛的管理制度模式客观上存在审批限制过多、产品品种单一、信息成本较高、缺乏有效监管等问题。因此,大部分投资者未进入市场,而地方政府仍未改变对于传统融资平台的依赖。以上因素从根本上限制了地方政府债券市场的扩大和发展。同时,中央政府的信用担保存在将地方政府债券发行风险转变为系统性财政风险的可能性。因此,地方政府债券发行管理制度仍需进一步发展和完善。建立合理的中国地方政府债券发行管理制度体系,要求我们深入研究已有的相关理论,运用先进的经济学方法,针对现阶段中国地方政府债券发行管理制度的不足,有的放矢地提出系统改革方案。本书的研究将试图通过以下五个分目标的实现,来达到发展和完善中国地方政府债券发行管理制度体系的总目标。

分目标如下:①通过综述国内外地方政府债券发行管理制度研究现状,探寻现阶段中国相关研究的薄弱之处,确定进一步加深和扩展中国地方政府债券发行管理制度研究的方向。②探讨当今中国地方政府债券发行管理制度所处的时代背景,运用财政分权理论、制度经济学理论、经济学中的优化理论和方法构建起研究中国地方政府债券发行管理制度的理论框架。③利用SSP(状态—结构—绩效)范式,分析在不同的地方政府债券发行市场固有的状态下,不同的发行管理制度安排产生了怎样相应的市场影响,结合中国地方政府债券市场的实际表现,客观评价中国地方政府债券发行管理

制度的实际绩效;回顾中国地方政府债券发行管理制度的变迁历程,结合关于中央政府和地方政府之间的讨价还价博弈分析,探讨中国地方政府债券发行管理制度可能的变迁方向。④依据世代交叠模型、GA - PSO 混合规划算法和静态博弈分析模型等相关的经济学理论和分析工具,从地方政府债券发行方案的合理化、信用评级制度的建立和发行方式的改进等多个方面探讨中国地方政府债券发行管理制度优化改良的理论依据和具体措施。⑤根据已得出的研究结果,结合中国财政体制改革的渐进模式,提出系统的中国地方政府债券发行管理制度改革的政策建议。

1.3.2 研究方法

本书将使用的研究方法包括:①横向比较研究方法。对于各国地方政府债券发行管理制度安排和制度结构进行全面和细致的描述,探讨各国地方政府债券发行管理制度的共同之处和不同之处,以此为依据对地方政府债券发行管理制度进行归类,最后总结和分析出各种管理制度模式的特点和优劣之处。②纵向历史分析方法。回溯中国地方政府债券发行管理制度的变迁历程,探寻中国地方政府债券发行管理制度变迁的路径依赖,结合现阶段中国政治体制和财政体制的整体制度环境,在充分借鉴国外地方政府债券发行管理制度相关经验的基础上,分析中国地方政府债券发行管理制度得以进一步优化改革的方向和步骤。③案例分析方法。制度经济学研究根植于案例分析,其要求对某一个体、群体行为进行描述性或者解释性研究。运用案例分析法,着重分析巴西地方债务危机造成地方债务管理制度模式转变,以及日本财政体制改革推动地方政府债券发行管理制度变迁的具体案例。④规范研究方法。采用此法意味着在接受已有的价值判断所形成的基本假设的前提下,对中国地方政府债券市场的表象和运行状态加以数理推理,通过利用经典的世代交叠模型、皮尔森相关系数概念和静态贝叶斯博弈模型,探寻指导中国地方政府债券发行管理制度优化的合理途径,回答中国地方政府债券发行管理制度"应该是什么"的问题。

1.3.3 研究思路

中国地方政府债券发行管理制度研究主要面对的是两个问题:一是如

何评价现行的中国地方政府债券发行管理制度;二是如何进一步完善和改进中国地方政府债券发行管理制度。其中第一个问题处于基础地位,对第二个问题的研究将在第一个问题的研究基础上展开。研究工作将按照以下步骤展开:第一步,基础理论研究。通过对国内外相关文献的综述,充分掌握现阶段地方政府债券发行管理制度研究的进展状况,寻找中国地方政府债券发行管理制度研究的不足之处。针对中国地方政府债券发行管理制度研究理论基础薄弱和缺乏研究范式的问题,将财政分权理论和制度经济学理论引入研究工作,构建以 SSP 范式为基础的分析框架。第二步,对中国地方政府债券发行管理制度进行评估。主要通过横向的制度绩效比较研究来评价中国地方政府债券发行管理制度的实际绩效,以及通过纵向的制度变迁研究来判断未来制度变迁的基本方向。第三步,提出具体的发行管理制度改革意见。依据经济学理论和工具,对构成中国地方政府债券发行管理制度的具体制度安排进行分析和优化。在确定发行管理制度改革原则的基础上,明确改革后的中国地方政府债券发行管理制度结构,并提出中国地方政府债券发行管理制度改革的基本路线图。本书的逻辑思路如图 1 – 1 所示。

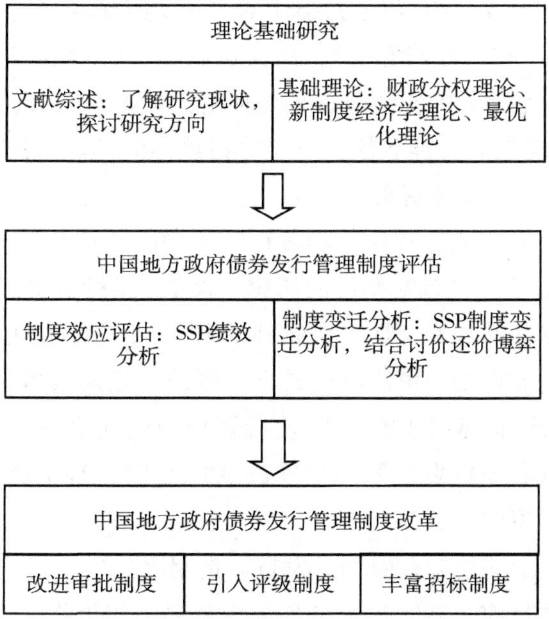

图 1 – 1　中国地方政府债券发行管理制度技术路线

1.3.4 主要内容

本书共计8个部分的研究工作：

第1章——导言。着重介绍中国地方政府债券发行管理制度研究的背景与意义、已有的国内外研究文献、本书的研究目标和方法、研究将涉及的主要内容以及基本框架。在研究现状部分，从制度比较研究、制度效应研究、制度变迁研究和制度设计研究四个层面介绍了国内外地方政府债券发行管理制度研究中已取得的研究成果，并针对现阶段中国地方政府债券发行管理制度理论研究的不足，提出本研究的目标、方法和主要内容。

第2章——相关文献与理论综述。本章为立题分析的理论基础部分，将阐述中国地方政府债券发行管理制度所依据的各种一般理论和方法，具体包括：用于确定地方政府债券发行管理制度意义和分析地方政府债券市场参与者行为特征的财政分权理论；用于评估中国地方政府债券发行管理制度实际效应和解释中国地方政府债券发行管理制度变迁的新制度经济学理论；用于具体制度优化的新古典经济学理论、博弈理论和模糊数学方法。

第3章——地方政府债券发行管理制度效应分析。地方政府债券发行管理制度的实际绩效分析，将通过SSP范式将地方政府债券发行市场的固有特性（包括资金的不可兼容使用、高信息成本、发行风险）、管理制度安排和绩效一一对应起来，根据围绕地方政府债券各参与方所产生的相互依赖关系，探讨在不同制度安排下各参与方的利益得失，以衡量当前中国地方政府债券发行管理制度的实际效应。

第4章——中国地方政府债券发行管理制度变迁分析。首先回顾中国地方政府债券发行管理制度变迁的历程，并结合通过SSP范式概况和总结发行管理制度变迁的基本特征。在此基础上，利用讨价还价博弈模型，分析和比较行政控制与市场约束制度模式下中国地方政府债券发行审核权的分配状况。通过对中国地方政府债券发行管理制度演进的三个假说的讨论，探讨中国地方政府债券发行管理制度改革将因循的基本路径，并基于此提出未来的制度改革建议。

第5章——中国地方政府债券发行审批制度分析。行政控制模式下，地方政府债券在发行前必须经过中央政府相关部门的审批。审批内容包括发行地方政府债券的用途、规模、期限、品种等重要事项。本章将从增强发行主体自主权、合理控制发行规模、丰富期限和品种结构四个方面提出发行审批制度的改进建议。

第 6 章——中国地方政府债券信用评级制度建设。构建中国地方政府债券信用评级制度,需要在充分了解信用评级制度作用的基础上,逐步完成关于信用评级标准化程序、等级符号和指标体系的设定。此外,还需引入和强化市场准入制度、担保责任制度、债券保险制度和偿债基金制度,以此建立起完善的中国地方政府债券信用评级制度。

第 7 章——中国地方政府债券发行招标制度分析。比较国内外已有的地方政府债券发行方式,客观评价现行中国地方政府债券发行方式的优缺点。借助静态贝叶斯博弈模型分析优化地方政府债券发行方式的基本途径,从而提出改进中国地方政府债券发行方式的具体建议和措施,以期达到提高地方政府债券发行效率、降低政府筹资成本的目的。

第 8 章——结论及展望。回顾和总结本书所进行的研究工作,提出创新点并指出需要进一步研究的主要问题。

2 相关理论基础

通过对地方政府债券发行管理制度已有研究成果的回顾,可以发现中国地方政府债券发行管理制度的研究涉及十分广泛的内容。首先,需要全面介绍中国地方政府债券发行管理制度产生和发展的基本时代背景,以充分理解将长期影响和制约其制度选择范围和变迁方向的上层制度结构;其次,深入分析中国地方政府债券发行管理制度所产生的经济影响,并在中国财政分权改革的背景下,讨论其制度演进历程和未来的发展方向;最后,在确定制度改革基本方向的基础上,需要对发行管理过程中几个重要环节的具体制度安排加以进一步的优化。依据以上研究内容和其中的逻辑关系,本章将中国地方政府债券发行管理制度研究划分为三个层面,其中每一层面的研究结论都是下一层面研究的基础,而每个层面的研究工作都需要在相对应的经济学理论指导下进行。第一层面将通过财政分权理论解析在全球财政分权改革的背景下,发行地方政府债券的目的和可能存在的问题,并对地方政府债券发行市场上各个参与方的经济和政治行为,以及制度需求作出合理的解释。第二层面将使用新制度经济学理论评价中国地方政府债券发行管理制度的实际绩效和判断其变迁方向。第三层面将运用新古典经济学、模糊数学和博弈论中相关理论,对地方政府债券发行管理中具体的制度安排进行优化改良。本章将按照以上三个层次梳理与地方政府债券发行管理制度研究相关的经济学理论,寻找和展开中国地方政府债券发行管理制度研究的理论依据和分析框架,并在其间完成第一层面的分析工作。

2.1 关于地方政府债券发行的相关理论阐释

二战之后,全球范围内,无论是发达国家还是发展中国家,在财政管理体制改革过程中都体现出了进一步财政分权的意图和趋势[46]。值得注意的是，在人口超过500万的75个转型经济国家中，有84%的发展中国家正在进行着不同程度的财政分权改革。这一变革强化了地方经济政策在保持宏观经济稳定中所扮演角色的重要性。中央政府必须调整经济政策和推行新的制度安排，以适应财政分权进程中所出现的一系列问题[43]。在这些问题之中，地方政府融资是一个相对难以解决的重要问题。在学术界中，普遍将发行地方政府债券视为解决地方政府融资，进而推动一个国家财政分权改革的有效途径。因此，可以认为在全球范围内发生的财政分权改革是地方政府债券发行管理制度研究的一个基本时代背景。而与财政分权改革联系紧密的财政分权理论，将有助于深入理解地方政府债券发行的实际意义和分析各参与方的经济行为。

2.1.1 财政分权理论

财政分权也被称为财政联邦主义，主要关注于政府内部财政收支权利的划分，以及政府职能在不同级次政府间划分而产生的效率问题。Oates（1999）认为财政分权就是要解决公共部门的纵向结构问题，即在不同级次政府间分配责任和实现这些责任的财政手段，并确保财政手段与各级次政府的责任相一致[45]。财政分权理论肯定了地方政府拥有一定自主权（特别是财政自主权）的合理性。一般认为，财政分权理论经历了从传统财政分权理论到第二代财政分权理论两个阶段的发展。传统财政分权理论的突出特征是假设所有层级的政府都是利他的，因此忽视了关于政府激励机制的问题；第二代财政分权理论则放松了这一假设，讨论在财政分权体制下，如何建立对于地方政府的激励机制问题[46]。

2.1.1.1 传统财政分权理论

传统财政分权理论主要由Hayek（1945）对各层级政府在信息占用角色上的区分[47]，Tiebout（1956）对行政区域之间竞争的分析[48]，Musgrave（1959）对各级政府职能的划分[49]，以及Oates（1972）在以上观点的基础上所形成的“分权理论”所构成[50]。传统财政分权理论中，支持财政分权的理由主要来自于信息优势和竞争优势两个方面[51]。传统财政分权理论认为，对于地方公共产品，相较于中央政府，地方政府和居民更加了解当地的偏好与已有的基本条件,在拥有信息优势的基础上,地方政府可以作出更符合效率原则的地方性公共产品决策;同时,居民和资本流动所带来的行政区域之间的竞争,将使地方政府为当地居民提供更符合其偏好的地方公共性产品,如税收组合,从而达到地方公共性产品供给的最优化。由于信息和竞争两方面优势的存在,传统财政分权理论认为中央政府向地方政府分权可以改善公共产品和公共服务的提供。但这一目标的实现需要一定条件的保障,这些必要条件包括:地方政府对所辖区域内的居民负责;居民可以自由流动到符合其偏好的行政区域;地方政府和所辖居民拥有充分信息,并可以充分使用;当地公共服务与财政收入紧密联系。

根据传统财政分权理论,Swianiewicz(2004)[52],World Bank(2004)[53]列举了四条支持地方政府举债的主要原因:①地方政府通过举债融资支持公共支出,相较于只依靠税收,更为符合代际公平原则;②对于加速发展的地方经济来说,通过借款为公共投资和公共服务提供资金成本较低;③根据已有的财政管理经验,地方财政收入的现金流和支出暂时并不总能保持同步,因此需要借款融资平滑暂时性的收支缺口;④地方政府对于自身的债务负有明确的偿还责任,当中央政府始终拒绝为其偿还债务时,地方政府就必须保持良好的财政收支平衡以获取金融市场上投资者的青睐,这有助于地方政府财政管理能力的提高。传统财政分权理论为地方政府举债提供了理论支持,但由于部分国家为地方政府公债提供了中央财政的信用担保,以及转移支付制度的普遍存在,地方政府举债激励受到扭曲,并软化了地方政府举债的约束机制。

2.1.1.2 第二代财政分权理论

传统财政分权理论产生和发展于财政分权的前期阶段,随着各个国家财政分权的普遍化和程度的加深,传统财政分权理论已无法适应新形势的需要。在批判地继承传统财政分权理论研究成果的基础上,第二代财政分权理论将研究重点聚焦于地方政府的激励相容与机制设计问题[54]。第二代财政分权理论放松了对于地方政府利他行为的假设,取而代之假设地方政府将忽视由其做出的政策决定所导致的外部效应。在外部性问题上,第二代财政分权理论肯定和要求强化中央政府作为管理者的地位和职能。第二代财政分权理论研究领域的专家们大多主张"市场维护型的财政联邦主义",即认为好的政府结构将带来好的市场效率,要求政府行为产生结果的同时应受到一定的限制[55]。第二代财政分权理论为评价不同形式的联邦财政体系提供了一个分析框架。这个框架清楚地表述了暗含于传统财政分权理论中的关于财政联邦主义的诸多假定，包括：①存在一个政府内的层级系统，每一层级都拥有一定的政策自主权；②地方政府对于其辖区内的经济活动具有地方性的管制能力；③存在一个统一的全国市场，中央政府有能力组织地方政府设立国内贸易壁垒；④地方政府面临预算硬约束；⑤有一套保障制度使得权力在各级政府之间的分配具有持久性。以上假定明确了财政联邦主义的基本政治体制框架。

第二代财政分权理论发现通过转移支付制度来解决由于发行地方政府债券而造成的地区间财政不平衡问题，会产生纵向财政失衡问题[56]。在地方政府财政收入无法偿还到期债务时，中央政府就必须考虑是否提供破产救助。纵向财政失衡问题将导致公共池资源和预算软约束问题的出现。Ostrom(1990)认为，如果一项公共投资的受益范围只限于某一特定地区的居民，但可以通过中央财政进行投资的由于受益地区只需承担小部分的成本，这就会导致地方政府在这一公共投资项目上的过度支出[57]。在这种情况下，不同地区的地方政府会积极开展各种公共投资项目，以争夺中央财政资源。虽然中央政府会制定以项目质量取胜的规定，但地方政府出现巨大财政赤字时，中央政府将迫于政治压力而提供援助，这就产生了预算软约束问题。Wildasin(1997)指出，地方政府在中央政府财政援助的预期下，会将自有财政资金投向收益范围局限于本地居民的公共支出，而具有正外部性溢出效应的公共投资则依赖于中央政府的资助[58]。Goodspeed(2002)[59]，Boadway 和 Tremblay(2005)[60]都认为，在预算软约束的情况下，地方政府存在过度举债的激励条件，对其投资项目质量的关注较少。只有中央政府能够在事前做出可置信承诺——不会援助地方财政危机，才可以消除预算软约束的问题。但硬预算约束的承诺意味着中央政府将承受由于公共事业单位关闭、社会保障无法偿付等问题所造成的政治成本。

2.1.2 财政分权与地方政府债券发行

可追溯至13世纪的地方政府债券具有悠久的历史。不同历史阶段的地方政府债券的发行目的和制度体系，皆由其所处特殊历史阶段地方政府的特殊融资需要而定。本书所研究的地方政府债券发行管理制度，主要是指自20世纪世界上大多数国家财政分权改革以来，所逐步建立起来的地方政府债券发行管理制度。财政分权理论作为财政分权改革的指导思想，可以为理解发行地方政府债券的原因和分析发行市场上主要参与方的行为提供必要的理论依据。

2.1.2.1 发行地方政府债券的意义

按照财政分权理论，各级政府都负有提供纯公共产品和准公共产品的职责。但大多数公共产品的受益范围都具有不同程度的地域性。一些受益范围不受地域限制的公共产品，如国防、外交等为全国公共产品，本国国民皆可受益。而交通、治安、消防等公共产品，其服务对象仅限于某一地区之内，受益范围受到地域限制，因此被认为是地方公共产品。公共产品受益范围的差异导致了各级政府之间，特别是中央和地方政府之间在提供公共产品的责任与权利划分方面的矛盾。一般认为，中央政府应担负起提供全国性纯公共产品和准公共产品的责任，并履行其稳定经济、分配收入的职能；而地方政府则应根据辖区内居民的偏好，提供与之相适应的地方公共产品[61]。财政分权理论强调了地方政府在自身辖区内稳定经济运行、提高资源配置效率、实现居民对准公共产品偏好等方面的作用，并指出应为地方政府履行职能提供相对应的财政资金保障。

根据受益期的不同，用于提供地方公共产品的地方财政支出可以划分为两类：一是受益期为一个纳税年度的经常性支出；二是受益期为持续多个纳税年度的资本性支出。以国际经验来看，地方政府公共产品支出中资本性支出占有大部分的比例，如地方政府修建的学校、公路、政府办公楼、供水供电设施、污水处理厂、公立医院等[62]。在财政收入来源以税收为主的情况下，将财政收入用于经常性支出，辖区内居民所享受的公共产品受益与其所负担的赋税相一致。但如果用于资本性支出，如学校、公路、桥梁、水电设施等，这些公共产品的提供需要在较短的期限内进行较大投资，其所产生的税收负担将持续多个纳税年度，而当前居民未缴纳未来税收却获得了地方公共产品的未来受益[63]。地方政府债券相较于税收，可以通过对偿还期限的合理设计，使之与受益期限相一致，从而在有效地提供生产公共产品所需资金的同时，解决了代际财政平衡问题。

2.1.2.2 地方政府债券发行各参与方的行为分析

财政分权理论在解释地方政府发行债券合理性的同时，也揭示了地方政府债券发行管理将面临的困境所在。古典经济学理论假定政府官员总是利他的,即始终有足够的动力去提供公共产品和维护市场秩序。财政分权理论逐渐放宽了这一假设,认为各级政府都由自利的人组成,是政治活动中的“经济人”,其行动受自身利益最大化的目的所驱使。财政分权理论认为“经济人”假设是社会中所有个体行为特征的统计描述,反映了人类的基本行为特征,因此这一假设既适用于分析经济市场上主体的行为,也适用于分析政治市场上主体(各级官员和选民)的行为[64]。即便在政治活动中,个人追求自身利益的行为相较于市场活动要隐蔽和复杂一些,但与古典经济学中的绝对利他行为相去甚远。在保留理性假设的条件下,在特定制度约束下,不同层级政府官员的行为都是追寻自身利益的最大化的表现[65]。

(1)中央政府行为分析

财政分权理论认为,无论是联邦制国家还是单一制国家,中央政府都以社会产出最大化为行动目标,担负着推动国民经济稳定增长、平衡区域经济发展的责任。为了实现以上经济目标,在市场经济体制下,中央政府往往需要进行财政政策和货币政策的调整。而地方政府债券的发行会对以上两种政策调整产生的实际效果造成不同程度的影响。联邦制国家中,地方政府在发行地方政府债券方面往往具有较大的独立性;而在单一制国家,中央政府可以借助行政手段对地方政府债券发行施加影响。无论在何种体制之下,地方政府都存在实现自身利益最大化的需要。当地方政府的经济目标与中央政府的经济目标相一致时,地方政府债券的发行计划将有利于中央的经济调控目标的实现。当地方政府与中央政府的经济目标出现分歧时,地方政府债券的发行很有可能削弱中央宏观经济调控的效果。在行政权力较为集中于中央政府的情况下,中央政府可以通过行政手段和在制度安排上的优势地位,对地方政府债券的发行加以约束,地方政府则会试图通过其他融资渠道获取资金,规避监管;在深入的财政分权体制下,地方政府自主发债,中央政府只对发行过程予以监督,这使得地方政府债券发行与宏观经济政策协调难度加大。在财政分权改革盛行的当前,如何通过适当的制度安排,妥善处理中央政府与地方政府围绕地方政府债券发行而产生的利益冲突,是各国地方政府债券发行管理制度设计者都需要深入思考和研究的问题。

(2)地方政府行为分析

地方政府,在理论上是地方政府债券的发行主体。无论在何种政治体制下,地方政府作为一个独立的利益主体都在追寻自身利益的最大化[66]。其发债行为在联邦制国家面临着辖区内议会和居民“用脚投票”行为的约束;在单一制国家,中央政府的行政干预则是最主要的约束方式。在地方政府的辖区内,作为微观主体的辖区内居民和企业是推动经济发展的根本动力,在人口和资产可以自由流动的前提下,微观主体的跨区域流动成为约束地方政府经济行为的主要条件。为了吸引和留住高素质人才与企业,地方政府在提供高水平公共服务、降低土地价格、制定更多优惠政策等方面展开竞争。而这些措施的推行,都需要充足的财政支持。在税收受到种种限制的状况下,发行债券是地方政府获取资金的主要途径。出于提高微观主体满意度的目的,地方政府普遍存在扩大债务的倾向。第二代财政分权理论进一步指出,由于信息不对称问题的客观存在,中央政府与地方纳税人两方对地方官员的监督十分困难。当对地方政府的监督流于形式时,地方政府官员的行为将符合尼斯卡兰模型,即官员预算最大化和官员效用最大化。这意味着地方政府官员在追求预算最大化的同时,还会将用于公共物品供给的预算截留,把预算结余作为“自由支配的预算”纳入自己的效用函数。在利益的驱动下,地方官员有了直接干预公共经济和其他经济领域的积极性,寻租活动开始越发频繁。地方官员出于效用最大化的目的,而极力扩大公共支出以创造设租与寻租的机会,这直接推动了地方公共支出的增加,也催生了大量地方债务的产生[67]。地方政府官员在获取政绩和租金的双重动力驱使下,积极扩大预算支出规模,通过举债支持大量的公共工程建设。由于长期的政府债券具有“跨代分配”(或“代际分配”)的特征,一些官员为了追求政绩,很少考虑投资的效率和未来的偿债能力,前拆后建现象和盲目投资建设“形象工程”的现象较为普遍,导致社会资源浪费严重,以致未来的还款压力却是由后任的政府来承担的。可以认为,在缺乏必要监督的条件下,发行地方政府债券以兴建公共工程,会成为地方政府官员获取政治租金和经济租金的一种手段,是一种适用于所有地方官员的机会主义行为。在现实中,每届新任官员在任期初始往往会体现出较强的公共支出扩张需求,地方政府债券的发行规模也会随之扩大,并随之产生了更多的寻租行为。

(3)微观主体行为分析

与地方政府债券发行相关的微观主体包括辖区内的居民和企业,以及各种类型的债券投资者。其中,居民追求个人效用最大化,希望在获得更多的公共福利的同时避免税收的增加；而企业则追求利润最大化，希望获得地方政府更多的优惠政策、更低的土地成本以及更为便利的公共设施。由于企业创造税收和就业，直接影响地方政府的财政和业绩，并具有组织公关和游说的能力，企业对地方政府的影响力较大。但无论是居民还是企业，都是公共工程建设的直接受益者。出于避免税收短期之内快速增长的目的，辖区内的居民和企业往往倾向于支持地方政府发行公债以筹集资金。

地方政府债券市场中的投资者可以简单地划分为一般投资者和机构投资者，投资者都以追求利益最大化为行动目标。因此，地方政府债券市场中投资者的共同点在于，都被关于地方政府债券的免税政策所吸引。两者的区别在于，一般投资者获取信息的能力较弱，获益主要来自于买卖或持有债券到期所获得的收益；而机构投资者则具有较强的信息渠道，买入地方债券的目的除了获取收益外，还存在利用地方债券提高自身资本充足率的情况。但无论是一般投资者还是机构投资者都致力于推动地方政府债券市场的信息透明度、地方政府债券品种的多样化、市场规则的规范化。虽然投资者很难直接参与地方政府债券发行管理制度的设计工作，但由于投资者是地方政府债券募集资金的来源，制度设计者必须认真考虑投资者的制度偏好。

2.1.3 中国财政分权改革和地方政府债券发行管理制度

新中国成立后，随着社会和经济制度的发展，中国财政体制也展开了数次财政分权改革，而最近的一次分税制改革对现行的中国地方政府债券发行管理制度产生了深远的影响。分析这两者的关系，应从回顾中国财政分权改革开始。

2.1.3.1 中国财政分权改革简介

按照时间顺序，中国财政分权改革总共经历了三个阶段[68]。

1950—1978 年为第一个阶段，中国尝试了数次计划经济下的财政分权改革。虽然逐步实现了国民经济管理从“条条”管理到“块块”管理的形式转变，但中央通过一系列严格的监管措施有效地控制着地方政府的财政行为，地方政府从未获得真正意义上的独立财权，地方经济也因此缺乏足够的发展动力。

1978—1994 年为第二个阶段，为了适应市场经济体制改革，中国开始实行逐步分权的财政包干管理体制。财政包干体制改革按照行政隶属关系，明确划分出中央与地方的财政收支范围，地方以收定支，自求平衡，包干使用[69]。由于这次改革打破了高度集权的财政体制框架，被认为是中国的财政分权改革取得的实质性突破。但财政包干体制对中央与地方之间收入与支出的划分依然按照行政隶属关系，中央与地方之间形成了一种委托代理关系。在刺激了地方政府发展经济的积极性的同时，也造成了中央财政收入边际递减、地方重复建设和贸易壁垒增多、中央与地方政府之间交易成本上升等实际问题。

1994 年至今为第三个阶段，中国启动了分税制财政管理体制改革的进程。中国 1994 年开始的分税制改革，采取了具有中国特色的"渐进式"路径，即争取降低改革的成本，保证新旧体制的平稳过渡。主要办法是在保证地方政府"既得利益"的前提下，进行"增量调整"。具体来说，就是在财政分权基本原理的指导下，确定中央政府与地方政府的事权划分，依据事权与财权相结合的原则，进而划分中央与地方财政收入，同时辅以过渡期转移支付管理办法，以此构建新型的财政分权管理体制。在实行分税制后，"两个比重"明显上升，中央宏观经济调控能力逐渐增强。中国已经初步建立了与社会主义市场经济相适应的财政分权体制框架，实现了从计划财政向市场财政的过渡。但作为前计划经济国家，中国的分税制改革实践中也暴露出了一系列问题[70]。而分税制"渐进式"的改革路径，决定了分税制从一开始就与实现完全财政分权的目标存在较大距离，面对利益调整改革也一直缺乏必要的力度。

2.1.3.2　分税制与中国地方政府债券发行管理制度的产生

1994 年开始的分税制改革，其目的在于解决中央财政汲取能力相对下降的现实问题。这一问题的解决，主要通过财力的向上集中、公共服务和管理工作的逐级下放得以实现[71]。在这一过程中，中央财政产生了大量的结构性剩余，地方财政则产生了相应的结构性赤字。

如图 2－1、图 2－2、图 2－3 所示，分税制改革后，中央财政收入增长一直高于地方财政收入增长，而地方财政支出增长一直高于中央财政支出增长，并且两者之间的差额一直以较快速度增加，这就导致了中央财政盈余的增加和地方财政缺口的扩大。与此同时，经济发达的东部地区与经济欠发达的中西部地区之间，经济发展差距进一步扩大。中国中央政府负有保障国民经济稳定持续增长和平衡区域经济发展的双重责任。为了弥补地方财

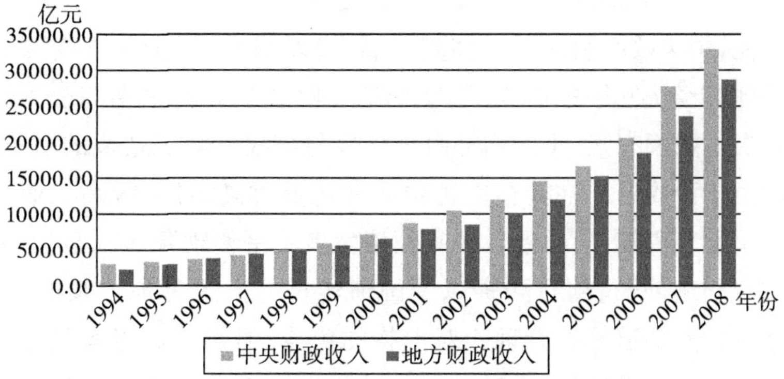

图 2－1　分税制改革后中央财政收入与地方财政收入比较

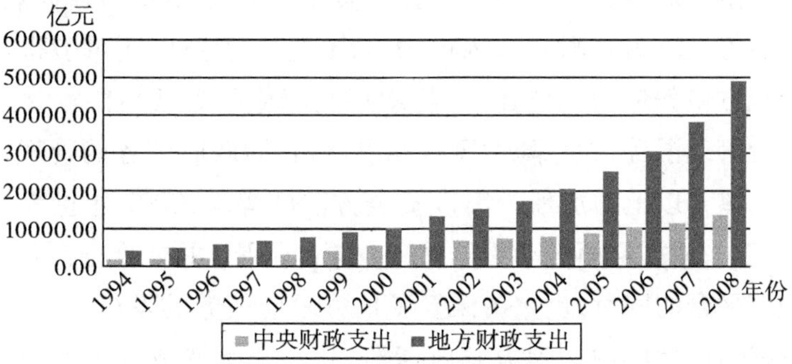

图 2－2　分税制改革后中央财政支出与地方财政支出比较

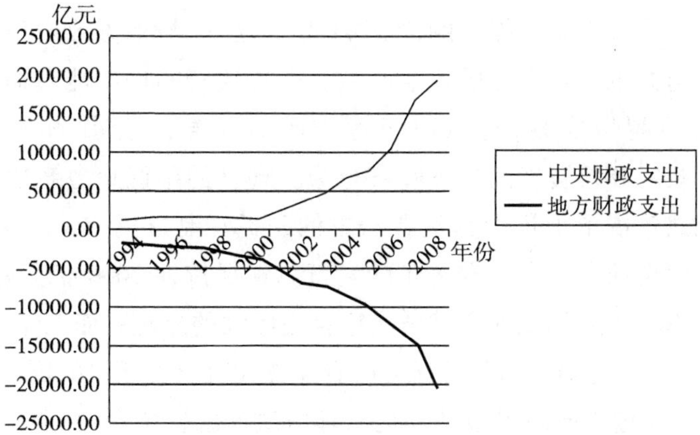

图 2－3　分税制改革后中央财政收支差额与地方财政收支差额比较

政缺口，中央政府采取多种方式为地方提供或筹集资金。

首先，中央政府引入了转移支付制度，以期通过“抽肥补瘦”的方法，在不影响地方经济发展的前提下，实现地方财政之间的平衡与公平。但一方面转移支付数额有限，难以弥补由于财权与事权不匹配造成的财政困难；另一方面由于税收返还在转移支付中所占比重过高，具有较高工业水平的东部地区反而获利较多，导致地区间经济发展不平衡现象进一步加剧。其次，中央政府利用外债、项目融资以及国债转贷的方式为地方政府提供资金。虽然这些融资渠道具有管理相对严格的优点，但仍然难以满足地方政府巨大的资金需求。最后，中央政府对于地方政府多种渠道融资的做法采取了相机处理的办法，在经济低迷时期允许地方政府多种变相举债行为，在经济过热时期则整理地方融资平台。地方融资平台具有很高的融资效率，但由于地方政府管理能力和财政收入能力有限，地方债务偿还风险很高。中央政府作为地方债务最后的偿还人，将承担起相应的财政风险。并且由于地方融资平台管理混乱，大量隐性风险难以评估，为政府债务的管理带来了较大的难度。鉴于以上增加地方财政资金方法的弊端，2007 年世界金融危机爆发后，出于在地方层面推动积极财政政策的需要，中央政府在允许地方政府原有融资平台的同时，也重新恢复了地方政府债券的发行。因此，在分税制改革进程中产生的中国地方政府债券，从一开始就被赋予了为地方政府筹集资金和平衡地区间经济增长的双重任务。这也成为中央政府设计地方政府债券发行管理制度时主要的两点顾虑所在。

正如财政分权理论所揭示的，除中央政府之外，与地方政府债券发行相关的其他参与方也存在自己的效益函数。中央政府的期望能否通过地方政府债券的发行得以实现，还取决于地方政府债券发行市场上其他参与方——地方政府和投资者的具体经济行为。现有的中国地方政府债券发行管理制度显然忽视了市场中其他参与方的利益和制度需求。一方面，严格的审批制度使得地方政府债券每年的发行总量保持在 2000 亿元左右，这与中国已有的 10.72 万亿元地方债务余额存在巨大的差距。而三年、五年和七年三种期限的设定也难以有效地配合所有地方政府投资项目的周期。以上差距客观上决定了地方政府难以放弃已有地方政府融资平台，并期望地方政府债券发行管理制度进一步向赋予地方政府更多发行权的方向变迁。另一方面，由于中央财政担保和利率限制政策的存在，地方政府债券的收益率往往无法与其发行省份的财政债务风险水平相匹配,除部分机构投资者外,普通投资者出于投资回报偏低的考虑一直没有进入地方政府债券市场,这从根本上制约了该市场进一步的扩大和深入发展。中国地方政府债券市场中,各参与方在利益和行为上存在着不可避免的矛盾与冲突,而现行发行管理制度更多地体现了中央政府的调控意图,而没有兼顾到地方政府和投资者的制度需求,因此,中国地方政府债券发行管理制度仍保有进一步改革的动力和空间。

目前学术界普遍认为现行的地方政府债券发行管理制度体系需要进行系统的改革,但对于改革的方向和力度仍众说纷纭。财政分权理论和实践经验揭示了中国地方政府债券发行的必要性和产生利益冲突的根本原因,但关于采取怎样的制度安排以协调各参与方的利益冲突,进而构建起稳定的中国地方政府债券发行管理制度结构,财政分权理论并未给出完整的答案。对中国地方政府债券发行管理制度的深入研究,还需要引入新制度经济学理论对现行发行管理制度的实际绩效与变迁历程加以分析和解释,以此判断出中国地方政府债券发行管理制度具有可行性的改革方向。

2.2 关于地方政府债券发行管理制度研究的相关理论

如果接受机械的理性主义假设,地方政府债券市场中的参与者拥有完全信息和绝对理性,市场交易没有成本并自发产生,这样最终的结果将不受发行制度的影响。然而在地方政府债券发行市场中,除了新古典经济学所关心的稀缺性问题外,一直存在不完全信息、有限理性、交易成本等现实问题。地方政府债券发行管理制度的存在和研究就是为了降低和缓解以上实际问题对地方政府债券发行市场交易所带来的不确定性。新制度经济学在行为科学的基础上对机械理性主义进行了必要的修正,其假设市场参与者只拥有不完全信息和有限理性,市场交易存在成本并蕴含风险,而制度的产生和变迁则是源于解决这一系列问题的需求。因此,为了客观和全面地评价中国地方政府债券发行管理制度的实际效应和变迁历程,有必要将新制度经济学理论引入地方政府债券发行管理制度研究之中。

2.2.1 新制度经济学理论

新制度经济学是20世纪经济学最为引人瞩目的发展之一,其代表人物科斯、诺斯、威廉姆森分别于1991年、1993年和2009年获得诺贝尔经济学奖。新制度经济学按照其产生和发展可以划分为两个阶段，即20世纪30到60年代的产生阶段和20世纪70年代至今的发展阶段[72]。在第一阶段中，新制度经济学的代表人物是其创始人科斯。1937年，科斯在《企业的性质》一文中，首次提出了交易存在费用的观点[73]。而后，科斯在其1960年发表的《社会成本问题》一文中明确了交易费用的概念和内容，并建立起了产权安排与资源配置效率的直接联系，产权制度问题成为现代经济学研究的内容之一[74]。科斯的《社会成本问题》一文由此成为新制度经济学形成的标志。在第二阶段中，新制度经济学在科斯的研究基础上逐渐扩展，形成了包括交易费用经济学、产权经济学、契约经济学、宪政经济学、制度变迁经济学和法经济学等诸多分支，也涌现出了威廉姆森、诺斯、张五常、巴泽尔、弗鲁博顿、芮切特和奥斯特罗姆等一大批代表性人物。这一阶段，新制度经济学的研究工作可以概括为以下三个方面：一是关于交易费用和科斯定理的深入研究。研究内容包括交易费用的含义、构成、计量等相关内容，以及科斯定理的准确含义、正确性和适用范围。二是对产权、契约、企业和国家等制度的特殊研究。在科斯建立起产权与资源配置的直接联系后，其他新制度经济学家以此为基础，又建立起产权理论、契约理论、企业理论和国家理论等新制度经济学分支。三是对制度和制度变迁等一般问题的研究。这一研究领域一方面探讨了制度的本质、特征、类型、功能和效率等一般问题，另一方面也动态地研究了制度的变迁，涉及变迁的类型、过程和影响等内容。

新制度经济学作为一门独立的经济学分支，在其研究对象、研究方法和基本假设方面都具有独特之处。通常认为，新制度经济学是以经济学的方法来研究制度的构成、运行、演进和影响的经济学。在这一定义中，需要强调两点：一是新制度经济学对制度研究使用的是经济学方法，这一点有别于旧制度经济学依赖于心理学理论和历史演进研究方法的传统；二是新制度经济学既关注于涉及所有制度的一般理论，也注重研究如产权、企业、国家等具体制度的理论研究。在研究方法上，新制度经济学一方面将新古典经济学理论及其方法（包括成本—效益分析、最优化分析和博弈论推理等）引入制度分析，另一方面仍注重使用经验与案例的研究方法，以期避免在强调逻辑严谨的同时，失去了与现实制度之间的联系[75]。从本质上来讲，新制度经济学接受和继承了新古典经济学个人主义的传统，承认个人理性和资源的稀缺性,但对于新古典经济学的一些基本假设进行了一定程度的放松和修正,主要表现在以下三个方面。首先,新制度经济学扩展了经济人假设。诺斯指出人类行为中既包含利己主义动机,也包含利他主义动机。因此,有必要在个人预期效用函数中引入非财富最大化行为,而且还应认识到非财富最大化行为往往具有集体行动偏好。人类权衡双重动机过程中产生了制度创新,而制度又是塑造人类双重动机的重要因素。其次,新制度经济学重视人的机会主义行为倾向。威廉姆森认为人类追求私利,其经济行为的目的在于保护和增加自己的利益,在有机会的情况下会采取损人利己的行为[76]。努德海文则认为人性中还存有信任,人的诚信本能和机会主义倾向哪一种天性将被激活,取决于具体的交易活动。最后,新制度经济学将完全理性假设放松到不完全理性假设。新制度经济学认为人所处的社会环境复杂多变,人与人之间的市场交易越多,其所面临的不确定性就越大;而人对信息的处理能力和判断能力是有限的。因此,人只可被视为意欲理性,但非"超级理性"。

2.2.2 SSP 范式分析框架

正如许多新制度经济学的批评者所指出的,新制度经济学存在太多孤立的理论,彼此缺乏联系甚至相互对立。如何仍在拥有交易费用经济学、产权经济学、契约经济学、宪政经济学、制度变迁经济学和法经济学等诸多分支的制度经济学理论体系中,建立起一个清晰和有效的分析框架,是制度经济学研究所面临的难题之一。面对这一问题,密西根州立大学经济学教授阿兰·斯密德(Allan A. Schmid)依据制度与绩效之间相互关系的研究,通过对不同制度经济学理论之间冲突的调和,建立了一种新制度经济学研究的通用范式——状态—结构—绩效(Situation—Structure—Performance)范式,简称 SSP 范式[77]。

斯密德教授主张以特定经济绩效为目的的制度的设计应建立在深入了解人类之间相互关联性的基础上。在现实的经济活动中,不同的商品和服务会产生不同的相互依赖性,并由此产生建立相关制度以控制和引导不同的相互依赖性的需要。相关制度的确立,意味着交易中各参与方机会束的确定,一方的选择将影响到另一方的利益,从而导致合作或冲突行为的产生。制度研究工作的目的就在于为各参与方提供制度选择后果的信息,减少制度选择的盲目性。斯密德教授认为，在经济领域内，人类之间相互关联性来源于经济产品的内在特性，如不相容使用、排他成本、规模经济、信息成本等，并将这些特性统称为“状态”。SSP 理论认为对于某种特定的状态，人们在给定的技术条件下，拥有不同的可供选择的制度方案，这些制度安排被称为“结构”。不同的制度选择将产生不同的影响和后果，即“绩效”。SSP 范式将特殊的状态、相应的制度结构和产生的实际效应组成动态的表格，用于表达和分析在某种交易中各个利益主体之间的相互关联性。

SSP 范式的制度分析通常包括效应分析和变迁分析[78]。效应分析的目的在于解释正式与非正式制度对商品交易、财富分配的实际效应如何产生和产生了怎样的影响。在影响分析中，状态被设定为给定的，需要分析的是不同制度如何影响相互依赖性的结果。制度可以是正式的或非正式的。本书研究的地方政府债券管理制度限定于正式制度。影响分析的逻辑思路可以用函数形式表示为：效应 = 在给定状态的情况下，制度 X 或者制度 Y 的函数。其表格形式如表 2 – 1 所示。

表 2 – 1　效应分析

状态(Situation)	结构(Structure)	绩效(Performance)
状态 A； 状态 B； ……	1. 制度 X	绩效 1：谁得到什么； 绩效 2
	2. 制度 Y	绩效 1； 绩效 2

变迁分析的目的在于解释正式制度和非正式制度的变迁动因，分析可能的变迁方向和结果。在变迁分析中，制度成为因变量。我们需要分析在绩效偏离利益主体预期时，利益主体是否有能力和动力调整部分制度。同样地，变迁分析可运用于正式制度变迁，也可运用于非正式制度变迁。本书将分析的是正式的地方政府债券发行管理制度变迁。变迁分析可用函数形式表达为：正式制度变迁 = 制定规则的规则、状态变化的函数。其表格形式如表 2 – 2 所示。

表 2-2 变迁分析

状态(Situation)	结构(Structure)	绩效(Performance)
状态 A; 状态 B; ……	1. 制定规则的规则 1 2. 制定规则的规则 2	选择制度 A 选择制度 B

SSP 范式作为一种可包含现有多数制度经济学理论、链接制度影响分析和变迁分析的通用范式,在经济学界已获得一定的认可。从国外的相关文献中,SSP 范式已被广泛运用于制度经济学、法和经济学、环境经济学、农业经济学、财政学等诸多经济学研究领域。在国内,随着 1999 年阿兰·斯密德教授的著作《财产、权力和公共选择:对法和经济学的进一步思考》中文版的出版,SSP 范式开始为中国经济学界所熟知,并在农业经济学、公共选择理论、环境经济学等领域得以运用,并取得了一定的研究成果。

2.2.3 研究重点涉及的制度经济学概念

依据 SSP 范式,关于地方政府债券发行管理制度的研究将在制度影响分析和制度变迁分析两个层面展开。在这两个层面的分析过程中,将涉及一系列相关的制度经济学理论概念。

2.2.3.1 绩效分析理论基础

在影响分析中,应首先分列出产品或服务的内在特性,再运用新制度经济学理论加以比较和分析各种制度安排对各个利益主体的影响。在地方政府债券发行管理制度绩效分析中主要涉及的产品或服务的特性包括不可相容使用、高交易成本和有限理性。

(1)不可相容使用

对于使用者来说,许多产品的使用权利是不相容的。一个使用者获得对该产品的使用权,意味着其他使用者对此项权利的丧失,这种使用权被认为是不相容使用产品(IUG)。获得不相容使用产品的一方将可以满足他的偏好,也可成为使用权的卖者。这意味着所有者将有权利给未得到但仍希望获得产品的其他人带来成本。正如阿兰·斯密德教授所指出的,在产品稀缺的情况下,不相容使用产品具有明显的负外部性效应。在金融市场上,资金是一种典型的不相容使用产品。如果中央政府控制了地方债券的发行审批权，则可以通过直接控制地方债券的发行来保证国债募集资金的顺利筹集；反之，地方政府控制了地方债券的发行审批权，地方债券则可以与国债在市场上进行相对公平的竞争，这往往会加大国债的发行成本。建立地方政府债券发行管理制度的主要目的之一，就是要解决由于资金的不可相容使用而带来的外部性问题。

关于外部性问题的研究由来已久。马歇尔（1890）在《经济学原理》一书中首次提到了“外部经济”的概念[79]。而其学生庇古（1920）于《福利经济学》一书中，首次用现代经济学的方法从福利经济学的角度系统地研究了外部性问题，马歇尔提出的“外部经济”概念被扩充为“外部不经济”[80]。之后，以科斯为代表的新制度经济学家加入关于“外部性”的讨论之中，外部性理论日趋丰富。对于解决外部性问题，传统的经济学认为，应通过政府干预加以解决，主要的方法有征税和补贴。当经济行为产生正的外部效应时，政府应对行为人进行补贴；当经济行为产生负的外部效应时，则应对行为人征税。除此之外，政府还可以直接限制具有负外部性的产品产量，将其产量限制在社会可以接受的范围之内。庇古理论依赖于存在一个“社会福利函数”的假设，政府被认为是一个公共利益的忠实代表，通过干预外部性经济活动以达到社会福利的最大化。但由于公众是由社会中不同人群或不同利益集团共同组成的，而不同人群或不同利益集团都存在自身的特殊利益，在争取自身特殊利益时往往会产生冲突。因此，关于公共问题的决策过程并不是依据某种统一的公共利益进行选择的过程，而是不同利益方博弈和达成协议的过程。即使不同利益方在某一问题上利益一致，但因为政府干预本身存在成本和寻租行为的客观存在，也使得政府干预难以促成资源配置达到最优。科斯在批判庇古理论的基础上提出，在特定条件下，经济的外部性问题可以通过各参与方之间的谈判得以解决，从而达到社会效益最大化。其理论提供了一种通过市场机制解决外部性问题的思路和方法。但科斯理论在实践中的成功依赖于经济的高度市场化、清晰的产权界定和较低的交易费用等客观条件，而发展中国家往往并不具备以上基础条件。从已有的国际经验来看，在地方政府债券发行管理制度中，各国中央政府都采取了不同的制度安排以应对由发行地方政府债券而产生的外部性问题，其中对地方债券收益征税、通过中央审批限制或禁止发行地方债权、建立中央与地方的协商机制等，都是已有的、可供选择的管理制度安排。

(2)高交易成本

新制度经济学认为,与他人交易意味着需要花费时间、精力和金钱,因此交易存在成本。在地方政府债券发行管理中,交易成本来源于以下3个主要因素:信息成本、合约成本和监管成本。这3个因素是产品所固有的内在特性,从中产生出特定的相互依赖性。市场将依据不同的制度安排控制这些特定的相互依赖性,不同的制度结构将产生不同的实际绩效。

阿克勒夫(1970)指出,一般情况下,市场中各个交易方都掌握一部分市场信息,卖方掌握的信息量较买方更多[81]。信息优势方在交易过程中如果采取机会主义行为,则可以通过损害信息劣势方的利益而获利。为了扭转不利局面,信息劣势方需要付出一定的成本,如金钱、人力和时间等,这就产生了信息成本。作为市场的管理者,应重视信息成本问题。因为在信息成本较高的情况下,处于劣势的交易方往往选择离开市场以避免损失,从而导致市场规模萎缩或交易低迷。市场的管理制度中,需要有专门的制度安排缓解信息不对称问题。

合约成本是指合约签订各方就合约条款谈判和协商所付出的费用与时间。在达成合约的过程中,签订各方支出各种必要的费用,其中包括信息搜集费用、顾问咨询费用和团队本身的运行费用。除了产生的金钱支出外,用于协商的时间也应考虑在成本之内。由于信息不对称和商业活动的复杂性,一份合同往往不能达到十分详尽的程度,不能细化和罗列出所有的可能性。形成通用的商业条例和设定必要的管理法令可以起到降低合约成本的作用,但合约成本仍然存在,对相关法律工具的使用往往也意味着要付出昂贵的费用。

监管成本是指在监督地方政府债券发行过程中产生的成本,这些成本包括设立和维持监管机构的费用以及监管机构运行费用两方面。监管费用的高低与地方政府债券市场的规模呈正相关的发展态势。发行主体的增多、发行额的扩大、债券品种的复杂化都会加大监管的难度,导致监管机构的扩大以及监管工作的增加,从而推动监管成本的上升。由于监管组织的运行和监管工作的执行都需要高额费用,违规违约行为在地方政府债券发行管理中难以避免。

2.2.3.2 变迁分析中的理论概念

在变迁分析中,地方政府债券发行管理制度将被视为因变量。需要分析当经济、政治形势发生变化时,会对地方政府债券发行管理制度的绩效产生怎样的影响,已有的制度结构是否会发生相应的改变。

(1)有限理性

有限理性意味着人们虽然在主观上追求理性,但客观来看,人们只能有限地接近这一目标。诺贝尔经济学奖得主西蒙一直是“有限理性”概念的主要提倡者[82]。西蒙强调人的分析能力和认知能力是有限的,并进一步提出,传统经济分析缺少关于不完全信息、信息成本以及决策者自身目标的必要分析。其他经济学者虽然认可有限理性问题的存在,但对于其认识却莫衷一是。当博弈理论发现存在于个体理性与群体理性之间的固有矛盾时,西蒙的理论难以令人信服地解释这一问题。奈特(1921)认为有限理性理论研究应关注于在社会中各个决策者之间相互作用所产生的不确定性[83]。凯恩斯将这种社会不确定性称为碰运气不确定性。以这种根本的不确定性作为有限理性概念的基础,则否定了不完全信息与有限理性之间的必然联系。而后的经济学家偏向于调和西蒙与奈特之间的理论冲突[84],认为有限理性的研究需要涵盖人类社会和自然界两方面因素所造成的不确定性。有限理性理论可以运用于分析和解释在特殊历史背景下,中央政府主导设计的中国地方政府债券发行管理制度存在着怎样不可避免的缺陷,以及帮助思考如何建立更为理性的制度设计程序。

(2)时滞现象

从认识到制度供给不足,到实际发生制度变迁之间往往存在一个时间间隔,这被称为制度变迁中的时滞现象。据戴维斯和诺斯的分析,时滞现象可能来自于四个方面:一是认知和组织的时滞。从发现制度变迁可能带来的潜在利润到推动制度变迁的初级行动团体的形成需要一定的时间。这一时间与潜在利润的大小、行动团体成员数的多少、已知可供选择的合法制度安排单子的长短成反比。二是发明的时滞。初级行动团体组建后,在没有既存制度安排可以选择时,需要等待新制度的发明,由此产生等待时间。一般而言,刺激发明的利润越高、可借鉴的制度安排越多、经济环境对于制度选择来说越宽松,等待时间就越短。三是菜单选择时滞。搜集可供选择的制度安排菜单,以及在菜单中选择出合乎初级行动团体利益的制度安排都需要一定的时间。菜单上可选择的制度安排越多,方案效用之间的区别越小,选择所需的时间就越长。四是启动的时间。在选择最佳方案后,需要时间将制度变迁落实，即开始实际的制度变迁。这段时间间隔的长短与初级行动团意见的一致性和其政治影响力直接相关。总体来讲，影响时滞最为重要的是已有的法律和制度状态。已有的法律框架将限定制度演化的范围，已有的制度安排可能仍存在一定的作用或改进的可能性。这些都会直接导致制度变迁所需时间的延长。

（3）路径依赖

通常来说，经济变迁包括技术变迁和制度变迁。路径依赖的概念最早产生于技术变迁分析。David（1985）在关于 QWERTY 键盘历史的研究中通过技术相关性、规模经济和投资准不可逆性三种机制解释了在键盘发展过程中出现的路径依赖现象[85]。Arthur（1999）提出一种技术的市场份额不是依赖于偏好和技术的可能性，而是由于递增报酬导致“锁住”的历史小事件。Arthur 认为首先发展起来的技术占据优势地位，凭借规模巨大可降低单位成本，利用技术流行而产生的学习效应和协调效应，实现自我增强的良性循环。而后起的优良技术在缺乏跟随者的状况下，会陷入恶性循环[86]。本书所依据的路径依赖理论主要是指制度变迁中的路径依赖理论。该理论研究的先行者是制度经济学家诺斯。诺斯（1990）将技术变迁分析中的路径依赖理论扩展到制度变迁中，用其描述已形成的制度绩效对现在和未来的强大影响力，证明报酬递增和自我强化的机制也存在于制度变迁之中。路径依赖使制度变迁一旦走上了某一条路径，它便沿该路径方向发展并自我强化。诺斯认为制度变迁受四种形式的报酬递增制约，即重新创立制度时的建设成本；与现存的制度框架、网络外部性和制度矩阵有关的学习效应；与其他组织和政治团体在互补活动中，通过合约建立的协调效应；由于制度保障而减少了签约的不确定性，进而产生的适应性预期[87]。吴敬琏（1995）认为中国在从计划经济向市场经济转变的过程中，体现出了明显的路径依赖特征。一方面，初始的体制选择在报酬递增机制作用下，可以继续存在和发展；另一方面，旧体制下的既得利益集团会采取行动提高制度改革的成本[88]。

（4）连锁效应

在一个整体的制度结构中，每一个制度安排都是相互关联的。任何一个制度安排实际运行的效用都与其他制度安排相关。理论上，当制度供需均衡时，各个制度安排彼此互补而无冲突，核心制度与配套制度之间不存在抵触或是冲突的情况。但实际中，同一制度结构之内的制度安排之间经常存在抵触或是冲突,这就为进一步的制度变迁提供了动力。一个制度安排发生变迁会产生一定的外部性效应,将导致其他制度安排也产生制度变迁的可能性,这就是制度变迁的连锁效应。制度变迁的连锁效应包括向前连锁和向后连锁两种。向前连锁是指制定规则的规则发生改变,使得涵盖整个制度结构的制度选择空间发生扩张或收缩。向后连锁是指次一级制度变迁对初级制度(制定规则的规则)提出了变迁的必要性,这种变迁的实现具有强制性。向前连锁效应和向后连锁效应往往难以明确区分,向前连锁效应一般来自于向后连锁效应的累积,向后连锁效应则隐含着某种已经发生的向前连锁效应。

2.3 地方政府债券发行管理制度优化研究的方法

在确定中国地方政府债券发行管理制度的实际效应和变迁方向之后,应该开始考虑和分析在一个相对稳定的制度结构内,如何进一步优化具体的制度安排,以降低地方政府债券的发行成本,提高发行效率。在这一层面,本书着重于发行方案的合理规划、发行方式的优化选择,以及评级制度的建立与完善等问题。针对以上问题,本书将引入新古典经济学、博弈理论和运筹学中的分析工具,以深化关于中国地方政府债券发行管理制度的优化研究。

2.3.1 戴蒙德代际交叠模型

戴蒙德代际交叠模型是由法国经济学家莫里斯·阿莱斯在1947年首次提出的。1958年,著名经济学家保罗·萨缪尔森针对货币经济理论缺乏微观基础这一缺陷,提出了一个纯交换经济的OLG模型,以分析经济运行中货币的作用。1956年,戴蒙德在研究国债的经济效应时,在OLG模型中引入生产部门,使之更加完善[89]。

戴蒙德代际交叠模型的基本假设包括:①市场中只存在一种产品,产品的生产要素包括劳动和资本两种,产品的用途包括消费和投资。②社会由两种人构成:具有生产能力的年轻人和没有生产能力的老年人,人口规模按照一定的比率增长。戴蒙德利用这一简单模型分析了国债的经济效应,他指出,当自由市场的均衡处于动态无效率的状况下,国债的发行将有助于社会整体福利水平的提高；但当自由市场的均衡已达到帕累托最优状态时，发行国债将降低社会的整体福利水平。戴蒙德的分析和结论，也适用于地方政府债券经济效应的研究，即当地方政府债券的发行既可以对一个地区的经济增长起到积极作用，也可以起到消极作用。地方政府债券的规模作为影响其效用发挥的主要因素，应当存在一个合理规模，即当地方政府债券规模在一定限度内，赤字财政表现为传统的凯恩斯效应；当地方政府债券规模超出了一定限度，则赤字财政表现为反凯恩斯效应。以上推论意味着，在地方政府债券发行方案中，地方政府债券的发行规模规划处于中心地位，而戴蒙德世代交叠模型是这一研究领域重要的分析工具。

2.3.2 Pearson 相关系数

Pearson 相关系数(Pearson Correlation Coefficient)的提出，源自卡尔·皮尔森对弗朗西斯·高尔顿相关研究的深入发掘，其作用在于度量两个变量 X 与 Y 之间的线性相关程度。一般使用符号 r 表示皮尔森相关系数，r 的变化范围为 $-1 \sim 1$。当 $r>0$ 时，表示变量 X 与 Y 之间正相关，Y 将随着 X 的增大而增大；当 $r<0$ 时，表示变量 X 与 Y 之间负相关，Y 将随着 X 的增大而减小。r 绝对值的大小表明变量 X 与 Y 之间相关性的强弱，但并不表明变量之间是否存在因果关系。对于皮尔森相关系数的解释需要依据研究的背景和目的，如在可以使用高精仪器进行实验控制的物理研究中，皮尔森相关系数达到 0.9，变量 X 与 Y 之间的线性相关程度并不高；而对于难以进行实验控制的社会科学研究，皮尔森相关系数达到 0.9，则显示出变量 X 与 Y 之间存在很高的相关程度。

2.3.3 静态贝叶斯博弈

贝叶斯博弈，又称不完全信息博弈，是指参与方在不了解其他参与方特征、策略以及收益函数的情况下所进行的博弈。这类问题在海萨尼提出海萨尼转换(The Harsanyi Transformation)[90]之前是无法分析的。海萨尼转换的作用在于将博弈所处的不确定性条件转换为风险条件。海萨尼在不完全信息博弈中，假定自然(Nature)是参与者之一，其作用在于赋予每个参与者一个随机变量。参与者各自的随机变量代表其所属的类型(Type)，各种类型的出现具有特定的概率。在进行博弈时,自然根据各个参与者自身类型所赋的概率分布,为每个参与者随机地选取一种类型。海萨尼转换将贝叶斯博弈从不完全信息转化为不完美信息。参与者的类型决定了该参与者的收益函数[91]。

由于中国地方政府债券招标采取了密封报价拍卖的方式,导致各投标人虽然并不会在同一时间作出决策,但他们在作出各自的决策之前都难以获得关于其他投标人对招标地方政府债券的估价和报价的真实信息,并且在获得其他投标人的相关信息之后也不能改变自己已经作出的选择。在这种情况下,各投标人之间的博弈就具有了不完全信息博弈的基本特征。由此,静态贝叶斯博弈分析可以作为指导中国地方政府债券招标改革的理论依据。

3 中国地方政府债券发行管理制度模式与绩效分析

在充分了解中国地方政府债券发行管理制度产生的时代背景,以及发行市场上各个主要参与方的制度期望的基础上,本章将重点对中国地方政府债券发行管理制度的实际绩效进行评估,这是判断未来发行管理制度变迁方向和内容的主要依据,是中国地方政府债券发行管理制度研究的基础工作之一。本章将首先简要介绍中国地方政府债券发行管理制度的主要构成;其次,通过比较不同的地方政府借款管理模式,从中归纳出地方政府债券发行管理制度的基本分类;再次,运用 SSP 范式的影响分析,根据地方政府债券发行市场中各参与方的相互依赖关系,探讨在不同发行管理制度模式下发行市场上各参与方的利益得失,以确定不同制度模式下各种制度安排所产生的具体效应;最后,确定中国地方政府债券发行管理制度模式归属,并完成对该制度体系实际绩效的整体评估。

3.1 地方政府债券发行管理制度模式

3.1.1 中国地方政府债券发行管理制度现状

本书所研究的中国地方政府债券是指自 2009 年起,中国政府公开发行的地方政府债券。其发行管理制度则是指用于规范和管理地方政府债券发行过程的一整套正式制度安排。这些制度安排主要体现在如下财政部颁布的正式通知与管理办法之中:《关于做好发行 2009 年地方政府债券有关工作的通知》《财政部代理发行 2009 年地方政府债券发行对付办法》《2009 年地方政府债券预算管理办法》《财政部代理发行地方政府债券财政总预算会计核算方法》《2009年地方政府债券资金项目安排管理办法》、每年发布的《地方政府债券招投标和考核规则》，以及自2011年开始制定的《地方政府自行发债试点办法》等。根据以上通知办法的具体规定，可以将中国地方政府债券发行管理制度体系概括成以下三个方面。

一是中央行政审批制度。《2009年地方政府债券预算管理办法》(以下简称《办法》)第二条规定中指明，各省、自治区、直辖市和计划单列市政府为中国地方政府公债发行和偿还主体。但该《办法》同时也强调了地方政府发行公债必须经由国务院批准，并将地方政府债券具体的发行管理，如招标、还本付息、支付费用等工作交由财政部进行。依据以上制度安排，中央政府通过行政审批的方式完全主导了地方政府债券的发行管理。地方政府债券发行的总体规模、期限结构、利率水平、发行时间和方式均由财政部相关部门统一安排。各个地方政府需根据财政部作出的发行安排，制订各自的发行计划和编制预算，发行计划将上交财政部并由财政部修改后予以执行，而相关预算则由当地人大负责审批。

二是中央财政信用担保制度。《2009年地方政府债券预算管理办法》第十条规定，地方政府债券到期后，由财政部统一安排还本付息；各个地方政府需要提前安排足额资金用于还本付息并按时上缴；如在到期日偿还本息存在困难，可再发行1~5年地方政府债券以借新还旧；对于逾期未缴付足额资金的地方政府，中央将根据情况进行罚息处罚，并在办理中央与地方财政结算时如数扣缴。但考虑到中国的财政制度安排中，不存在关于地方政府破产的规则和条例，中央政府对于地方政府债务负有“最后偿债人”的责任。因此，在地方政府债券偿还问题上，中央财政部为地方政府发行的公债提供了实际的信用担保。

三是招标制度。目前中国地方政府债券主要通过招标发行和定向承销进行。根据每年颁布的《地方政府债券招投标和考核规则》，中国地方政府债券的招标规则与国债的招标规则并无实质性区别。可以认为，中国地方政府债券的发行基本依赖于已有的国债发行渠道。

通过以上三方面的基本描述，本章将通过图3-1概括性地表示出在中国地方政府债券发行市场中以上发行管理制度安排的作用范围。

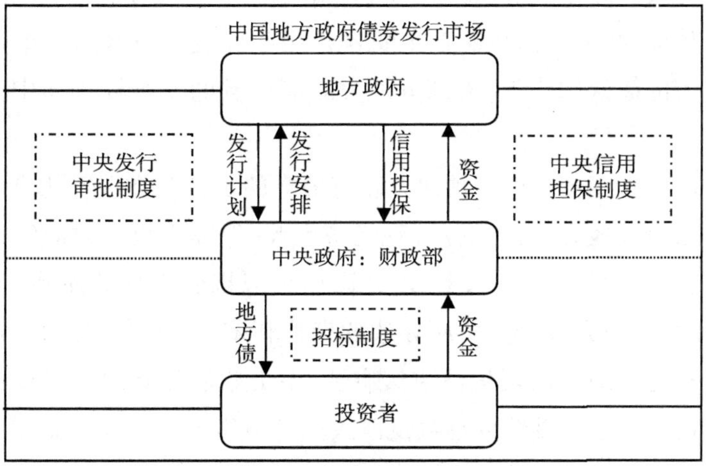

图 3－1 中国地方政府债券发行管理制度与发行市场

3.1.2 地方政府借款控制的基本模式

根据特里萨·特尔·米纳什和乔恩·克雷格关于地方政府借款控制的研究，地方政府借款的管理模式可以划分为中央行政管理、法律约束管理、中央与地方协商管理、市场约束管理四种基本模式。

3.1.2.1 中央行政管理模式

在采取中央行政管理模式的国家中，中央政府被赋予直接控制地方政府借款的权力，这既包括对借款的事前授权，也包括对借款使用的事后监督。具体的行使形式有：制定关于地方政府每年总体债务权限的标准；制订地方政府债券的整体发行计划；对于借款业务和融资项目进行检查和审批等。

中央行政管理模式主要出现在单一制国家。英国政府将地方政府债券的审批分成两个部分：一部分债券发行用于地方政府的基本支出；另一部分用于特别项目，审批的重点在于为特别项目融资的发债计划。日本中央政府每年有专门部门会同地方政府制订地方债券发行计划，该计划将连同政府预算一起审批[92]。近年来，日本地方政府债券发行管理制度出现了变化，地方政府也可以自行发债，但如果将发债计划交由中央审批，将得到一定的优惠政策，如中央政府将提供一定的信用担保[93]。在联邦制国家中也存在采用中央行政管理模式的国家。印度规定未偿还中央政府借款的地方政府在发行新债前,必须经过中央政府批准。由于印度地方政府财政严重依赖于中央政府的拨款和借款,大部分地方政府债券的发行权仍在中央政府控制下。

中央政府直接控制或干预地方政府债券的发行存在以下优点:首先,有利于中央政府在地方层面推行宏观经济政策,保障中央财政政策的顺利实施;其次,在中央财政的担保下,地方政府可以以较低的成本借入资金;最后,避免了由于地方政府竞争所导致的借款利率上升[94]。但由于地方政府债券的发行更多地与微观经济决策有关,中央政府显然缺乏必要的信息渠道和监管能力来逐一妥善处理数量巨大的地方事务。即使假定中央政府具有足够的信息渠道和监管能力,由于中央政府肩负着管理宏观经济的责任,其对地方政府债券的调控往往与地方利益发生偏离。

3.1.2.2　法律约束管理模式

许多联邦制和单一制国家对于地方政府借款都采取了法律约束管理模式。法律约束管理模式意味着地方政府借款行为将受到相关的宪法或法律条款的严格约束。这些法律条款一般将限定地方政府负债的总体限额、借款的使用方向以及明确禁止的借债方式。在这些法规中,最为常见的就是禁止基于投资目的发行地方政府债券。在意大利,有明确的法律规定限制地方政府发行债券融资的条件。只允许各地区为资本项目举债,不允许为经常项目借款。而一些工业化国家,如美国、西班牙等,则要求根据地方政府举债计划和偿债能力限制借款行为[95]。

通过法律规定约束地方政府债券的发行具有较高的公平性和透明度,这就减少了中央政府和地方政府之间的谈判成本。另外,中央政府和地方政府之间的谈判往往会屈从于短期的政治利益,影响到宏观经济政策的稳定与实施。由于法律约束管理模式也相对缺乏灵活性,地方政府采取机会主义行为逃避监管。这些行为包括:①将经常性预算变为资本预算以达到经常性预算平衡;②组建业务在预算外的发债主体,逃避债务总额的限制;③通过下属企业发行债券融资;④发行较多的收入债券,在许多国家这种债券不在限制之列。美国虽然有法律限制地方政府发债融资,但实际约束有限,地方政府发行债券基本依靠市场调节。

3.1.2.3 中央与地方协商管理模式

中央与地方协商管理模式主要存在于联邦制国家，中央与地方政府将通过协商进行地方债务的管理，地方政府将参与制定宏观经济目标以及与这些目标相关的参数。通过制定过程，中央政府与地方政府之间就各级政府的赤字目标和收支项目的增长达成协议，由此确定地方政府的债务权限。在一部分国家，这种协商是在中央政府与地方政府之间双向进行。以澳大利亚为例，中央政府和地方政府都设置了借款委员会，各级委员会会定期就地方政府举债事宜进行协商。

这种协商管理模式将加强不同等级政府之间的交流，但难以约束地方政府的发债行为。如果使用这种地方政府债券发行管理制度的国家本身具有很好的财政纪律和保守的债务管理传统，则该模式可以良好运行。反之，如果国家财政纪律较差，则该管理模式无力控制债券的过多发行。以澳大利亚为例，在 20 世纪 20 年代到 80 年代初，该国放松了对于州政府举债的限制，各州政府利用制度缺陷不断突破债务上限。随后借款委员会加强了监管，将中央政府和地方政府的借贷行为纳入一个整体框架之中[96]。但由于信息不对称的原因，中央政府难以为地方政府提供符合其需求的借款。另外，总量控制下也逐渐暴露出了一系列道德风险问题。

3.1.2.4 市场约束管理模式

市场约束管理模式是指依靠市场规律约束地方政府的举债行为。这种管理模式的完全实行对金融市场环境的要求较高。Lane（1993）认为必要条件包括：①金融市场必须自由和公开，不存在任何可以使政府享有借款特权的仲裁规定；②发行人必须对所有潜在的投资者公开详尽的未偿债务和偿付能力的信息；③中央政府无论在何种情况下都不可以替地方政府承担偿债责任；④发行人应当可以根据市场情况的变化，对于发行计划做出适当的调整。能够同时满足以上必要条件的国家很少[97]。目前，只有加拿大的省级地方政府债券发行直接受金融市场规律约束。但近年来，加拿大省级地方政府债券总体发行额的不断上升也暗示着市场约束模式对于地方政府发债行为的控制力也是有限的[98]。在金融市场发展较为落后的国家，市场约束管理模式往往难以维系。巴西的地方政府债券发行管理制度曾实行市场约束管理模式，巴西各州的债务一度迅速增加，最终债务危机爆发。巴西中央政府不得已接管和重组债务，并将发行管理制度转变为中央行政管理模式至今[99]。

表 3-1 各国地方政府债券发行管理制度模式

国家	制度模式	中央救助
阿根廷	法规约束	有
澳大利亚 1	中地协商	有(1982—1990 年)
澳大利亚 2	中地协商	没有(1991—)
奥地利 1	法规约束	没有(1982—1998 年)
奥地利 2	中地协商	没有(1999—2000 年)
比利时	中地协商	没有
玻利维亚	中央行政	没有
巴西 1	中央行政	有(1989—1994 年)
巴西 2	法规约束	没有(1997—)
加拿大(地区政府)	法规约束	没有
加拿大(省级政府)	市场约束	有
中国	中央行政	有
智利	中央行政	有
哥伦比亚	法规约束	有
克罗地亚	市场约束	没有
捷克	市场约束	没有
丹麦	中地协商	没有
爱沙尼亚	法规约束	没有
芬兰	市场约束	没有
法国	市场约束	有
德国 1	法规约束(1982—1991 年)	有
德国 2	中地协商(1992—1998 年)	有
危地马拉	中央行政	没有
匈牙利 1	市场约束	有
匈牙利 2	法规约束	没有
冰岛	市场约束	没有
印度 1	中央行政(1982—1998 年)	有

续表

国家	制度模式	中央救助
印度 2	中地协商(1999—2000 年)	有
印度尼西亚	中央行政	有
爱尔兰	中央行政	有
以色列	中央行政	没有
意大利	法规约束	有
拉脱维亚	中央行政	有
立陶宛	法规约束	没有
墨西哥	中央行政	有
日本	中央行政	有
蒙古	中央行政	没有
荷兰	市场约束	有
新西兰	市场约束	没有
尼日利亚	市场约束	没有
挪威	法规约束	没有
秘鲁	中央行政	没有
菲律宾	中央行政	没有
葡萄牙	市场约束	没有
俄国	市场约束	有
斯洛伐克	法规约束	没有
南非	中地协商	没有
西班牙 1	法规约束(1982—1991 年)	有
西班牙 2	中地协商(1992—2000 年)	有
瑞典	市场约束	有
瑞士	法规约束	没有
英国	中央行政	没有
美国	法规约束	没有
津巴布韦	中央行政	没有

关于四种地方政府借款管理模式的研究,对于归纳地方政府债券发行管理制度模式将起到一定的借鉴作用,但地方政府债券发行管理制度的分类并不能简单等同于上文介绍的四种模式,原因有以下三点。

第一,纯粹的中央行政控制模式往往只存在于单一制国家地方政府公债发行管理制度的初创阶段。纯粹的中央行政控制意味着中央政府部门将完全负责地方政府债券发行的审批。由于地方政府债券融资事项复杂繁多,而中央政府的信息获取和处理能力有限,这就限制了地方政府债券的发行规模。在财政分权改革盛行的当前,地方政府担负着越来越重的地方公共建设和事务管理责任,小规模的地方政府债券融资难以支持地方政府日益庞大的公共支出。为了保持地方政府参与公共建设和提供公共服务的积极性,中央政府必须放松严格的审批制度以及时满足地方政府公共支出资金的需求。中央政府有条件地向地方政府下放地方政府债券发行审批权是中央行政控制模式在财政分权改革压力下的总体发展趋势。

第二,纯粹的市场约束模式只存在于某些联邦制国家的部分地区之内。一个完全依赖市场调节的地方政府债券发行市场,即使在美国这样拥有较为发达金融市场基础的国家也难以实现。在20世纪70年代之前,美国地方政府债券市场基本不受联邦法规的管制。但在美国宪法第十六次修正案批准后,国会获得了向"任何来源的收入"征收所得税的权力,这使得联邦政府有权对地方政府债券征税。此后,美国国会逐步通过了一系列法令,对于可以免税的地方政府债券加以严格的限制。而各个州政府出于保持纵向财政均衡的考虑,也对辖区内经济落后地区的地方政府债券进行担保,以降低部分政府项目的融资成本。

第三,中地协商模式、法规约束模式已经与以上两种管理模式产生了不同程度的融合。行政控制模式与市场约束模式都具有相应的法律基础。两者法律基础的不同之处在于,行政控制模式的相关法规赋予中央政府直接干预地方政府发债行为的权力,而市场约束模式则禁止这一行为。由于法律限制的不同,中央政府与地方政府之间就地方政府债券发行的协调机制也存在明显区别。行政控制模式在制订整体发行计划时,中央政府与地方政府之间将围绕地方政府债券发行的规模、用途等重要问题展开一系列的讨价还价;而市场约束模式下,地方政府具有自主发行地方政府债券的权力,中央政府被禁止直接干预地方政府债券发行计划,但中央政府可以通过推动修改相应法案制约地方政府的发债行为。因此，划分地方政府债券发行管理制度类型，还需要进一步加深对于地方政府债券发行市场特性与地方政府债券发行管理制度结构的理解。

3.1.3 地方政府债券发行管理制度模式划分

从根本上讲，地方政府债券发行市场客观存在一些固有的经济特性，如市场资金的有限性、信息成本以及难以避免的发行风险等，地方政府债券发行管理制度的建立正是为了处理这些固有经济特性所带来的实际问题。由于不同国家地方政府债券发行市场在发展程度上存在一定的差别，固有的经济特性由此表现为不同的实际问题，这就导致了不同国家地方政府债券发行管理制度在制度结构和制度安排上的区别。但当面对相同的发行市场管理问题时，不同的发行管理制度结构之中也会出现某一种相同的制度安排。因此，划分地方政府债券发行管理制度的主要依据应是制度结构中的核心制度安排。

对于地方政府债券发行管理制度而言，处理中央政府与地方政府之间、各个地方政府之间，以及地方政府与金融机构之间围绕金融市场上有限的资金供给而产生的激烈竞争，是首先要解决好的核心问题。而解决这一核心问题的主要制度安排就是地方政府债券的发行审批制度。发行审批权归属于中央政府，中央政府就可以按照宏观经济调控的需要，通过行政审批直接控制地方政府债券的发行规模、份额分配、产品结构以及具体的发行方式和时间。而发行审批权归属于地方政府，地方政府将根据金融市场的实际情况，自主安排地方政府债券的发行事宜，中央政府只负责监督地方政府的发债行为是否符合相关的法律规定。考虑到发行审批制度对地方政府债券发行市场的决定性作用，本章将依据地方政府债券发行审批权的归属，将地方政府债券发行管理制度划分为中央政府主导的行政控制模式和地方政府主导的市场约束模式。本章将借助图 3－2 和图 3－3 说明这两种发行管理制度模式管理地方政府债券发行市场方面的不同之处。

行政控制模式的核心制度为中央审批制。各地方政府制订并上报发行计划，由中央政府的管理部门负责汇总审批，并统一安排具体的发行事宜。在配套制度方面，中央信用担保制度作用明显，地方政府债券在得到中央财政的担保后，信用等级可以等同于或略低于国债信用等级，因此，信用评级

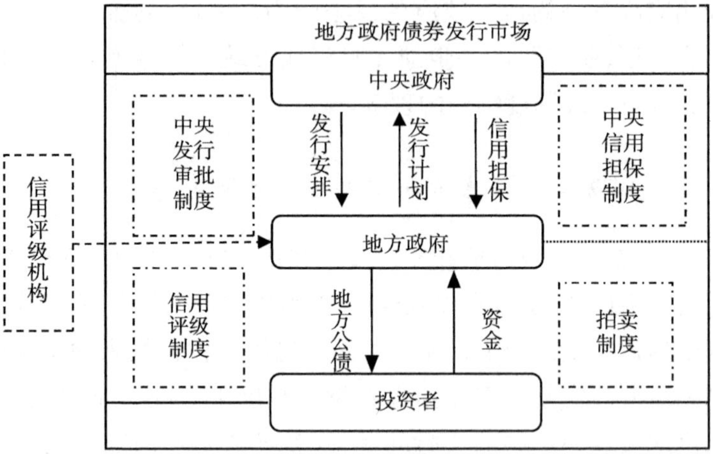

图 3 -2　行政控制模式下的地方政府债券发行市场

制度对于行政控制模式下地方政府债券发行的意义不大。地方政府债券发行方式的选择则取决于所在国政府债券发行的惯例。拍卖发行因相对透明、公开,而为大多数政府所选择。

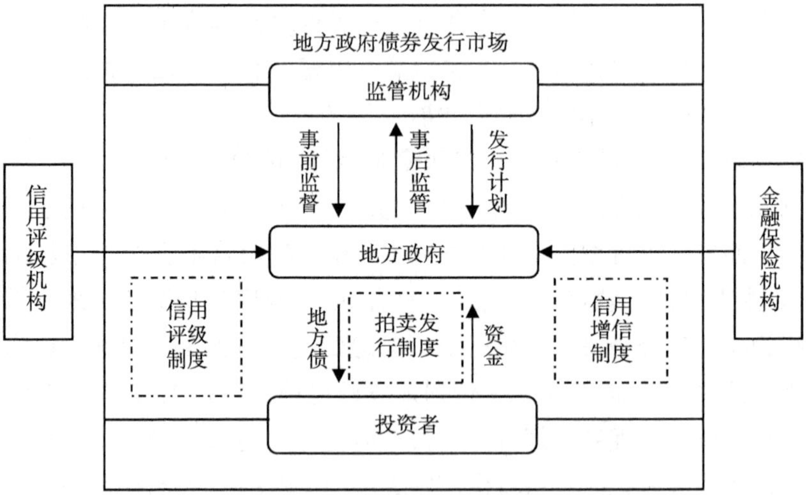

图 3 -3　市场约束模式下的地方政府债券发行市场

市场约束模式下,地方政府经地方议会审批自主发行地方政府债券,接受来自美国证券交易委员会(简称 SEC)、市政债券法规制定委员会(简称 MSRB)、美国证券承销商协会(简称 NASD)等监管机构的事前和事后监督。

在没有中央财政担保的情况下,各个发债主体需要借助信用评级公司和金融保险机构,以获取较高的信用评级水平,因此,信用评级和信用增信制度较为完善,地方政府债券的发行方式基本为拍卖发行。

在确定两种发行管理制度模式后,本章将借助 SSP 范式分析绩效,在一个统一的制度经济学框架下,依据地方政府债券市场固有的经济特性,将两种地方政府债券发行管理制度的结构、具体制度安排及其市场影响进行全面和细致的比较。并将中国地方政府债券发行管理制度与两种管理制度模式相对比,以此确定中国地方政府债券发行管理制度所属的模式类型,以及分析中国地方政府债券发行管理制度的实际效应。在行政控制模式方面,本章将以日本为主要研究对象,原因在于中国与日本同属于单一制国家,在财政体制上相近;在市场约束模式方面,则以美国为主要研究对象,这是因为美国拥有世界上规模最大的地方政府债券市场,且其地方政府债券发行管理制度一直保持较为稳定的制度结构。

3.2 地方政府债券发行管理制度的绩效

在地方政府债券发行过程中,不同的参与方彼此之间形成了各种形式的相互依赖关系,而这些相互依赖关系则源于地方政府债券发行所具有的某些内在特性,如不可兼容使用、高交易成本等。地方政府发行管理制度的存在意义在于以制度安排的形式为处理这些内在特性提供必要的依据和准则。管理制度确定了不同参与方可能的机会,参与方将依据各自的利益得失决定合作还是对抗。在不同发行管理制度模式下,各参与方有区别地合作和对抗行为最终会导致地方政府债券市场出现诸多具有明显差异的市场表现。

通过 SSP 范式将地方政府债券的特性、发行管理制度安排和市场表现一一对应起来,就可以清晰和细致地比较不同地方政府债券发行管理制度的实际效应。不同地方政府债券发行管理制度之间实质性的区别在于中央政府对于地方政府债券发行影响能力的不同。具有较强中央政府影响力的地方政府债券发行管理制度是以日本为代表的行政控制模式。相应地,具有较弱中央政府影响力的地方政府债券发行管理制度是以美国为代表的市场约束模式。将中国现行的地方政府债券发行管理制度与这两种模式的制度结构和实际绩效加以比对，就可以得出中国地方政府债券发行管理制度的基本特征，并完成对中国地方政府债券发行管理制度的效应评估。

在绩效分析中，将在三种给定状态下，研究两种不同的地方政府债券发行管理制度如何影响相互依赖性的结果，即产生了怎样不同的实际绩效。三种给定的状态包括：①资金的不可兼容使用；②信用的高信息成本；③发行风险的规避。

3.2.1 资金的不可兼容使用

在一定的时间段内，金融市场上的资金是有限的，政府债券获取资金将影响企业和金融机构的融资机会，地方政府债券获取资金可能导致中央政府失去发行国债融资的机会，某一省份的地方政府获得资金则意味着其他地方政府资金的损失。因此，资金是具有不可兼容使用特性的产品。不可兼容使用性作为资金的内在产品特性，不会随着制度安排的不同而发生改变。制度安排将影响不同利益主体获得资金的机会。获得资金的利益主体的偏好将得到满足，成为机会潜在的卖者，而不是买者。获得资金的利益主体有权力给希望获得资金但没有机会的其他利益主体带来成本，由此产生了不同利益主体之间围绕资金获取机会的交易活动。在不同的制度安排下，这些交易活动存在形式和内容的不同，因而表现出了不同的实际效应。在资金不可兼容使用这一给定状态下，不同的发行管理制度将对地方政府债券发行市场上各参与方的经济行为产生不同的影响，由此表现为不同的绩效。在诸多发行管理制度中，发行审批制度对资金使用权的影响最为直接和重要。发行审批制度将明确规定地方政府债券的发行主体资格、可供选择的发行方式、发行资金的使用方向，从而对地方政府债券发行的规模、期限和结构等诸多方面产生决定性的影响。由此，发行审批制度处于地方政府债券发行管理制度的核心位置。在审批制度这一核心制度中，审批权的归属则是最为重要的制度安排。

市场约束模式下，地方政府基于市场秩序自我约束债券发行，由地方议会审批地方政府债券发行，中央政府对地方政府债券发行管理不作具体规定。市场约束模式多出现在联邦制国家。联邦制国家将权力在地方政府与中央政府之间划分开来，每一层级都拥有某些特定权利。在大多数联邦制国家中，地方政府拥有独立的发债权。作为市场约束模式的代表，美国宪法和其他相关法律允许州和地方政府发行地方政府债券进行融资。在美国，合法的发行主体包括各级地方政府以及特殊授权机构[100]。美国有融资发债权力的市政单位达到87500家之多。市政债券的发行审批必须依照州和各地方的法律。这些法律对于市政债券发行的规模、结构和使用都做出了规定和限制。美国市政债券的审批主体主要包括以下两类：一是发行地区的美国公民，用直接投票的方式决定学校、非营利性医院等公益项目的债券融资决策；二是立法部门的专门机构或地方议会，主要审批资本项目融资[101]。美国的地方政府债券种类繁多，大致可以归为税收支持债券和收入债券两大类。税收支持债券是基于州政府或地方政府的信用以及征税能力发行的，因此，税收收入债券的发行需要经过必要的投票表决，并受到宪法章程的严格限制。收入债券并不以州政府或地方政府的税收收入为担保，而是依赖于特定的收入来源偿债，通常不需要投票表决也不受宪法的严格限制。美国的地方政府要根据自身的资金需求和金融市场状况积极调整发行计划，以获取投资。因此，美国地方政府债券拥有短、中、长期多个品种，并形成了滚动发行的市场态势。2010年，美国市政债券发行额约为4331亿美元，规模大致相当于国债发行额的1/5和公司债券发行额的1/2。

在行政控制模式下，地方政府债券的发行审批权为中央政府所控制。地方政府在完成初步的发行计划后，需将计划上交中央政府。中央政府设立或指定专门部门负责汇总和审核各地地方政府债券的发行计划。之后，根据地方政府债券的发行规则和宏观经济调控目标，最终制定全国地方政府债券发行的整体方案，并监督发行方案的实施。行政控制模式多出现在单一制国家。单一制国家将所有制度性权力集中于中央政府，任何地方政府的权力都是因管理需要，由中央政府所赋予。单一制国家中，中央政府担负着平衡区域经济发展的责任，往往倾向于通过控制地方政府债券的审批权，尽量给予经济落后地区较多的发行额。日本地方政府每年在发行地方政府债券前，须将地方政府债券的发行时间、总额、方式等要素上报总务大臣或都道府县知事。总务省实际控制着地方政府债券的发行审批权[102]。最后形成的整体发行方案必须包括地方政府债券发行的总规模、资金用途和发行方式，以此达到对地方政府债券的发行、投向、使用进行严格管理的目的[103]。日本地方政府债券品种以中、长期为主，发行时间相对固定，具有明显的间隔[104]。虽然自2000年以来，日本每年国债的发行额已与美国基本持平,但每年地方政府债券的发行额与国债发行额之比始终保持在 1/10 左右。由此可见,在严格的中央审批制度管理下,通常难以形成大规模、经常性、规律性的地方政府债券市场。

表 3-2　地方政府债券市场中的资金不可兼容使用

状态(Situation)	结构(Structure)	绩效(Performance)
资金的不可兼容使用	1. 地方自主	发行计划符合市场状况的发行者获得资金; 总体规模大
	2. 中央审批	经济落后地区获得资金支持; 总体规模小

在中国地方政府债券发行管理制度中,中央审批制占据了核心地位。通过对发行审批权的控制,中央政府在地方政府债券发行管理中占据了主导地位。利用这一优势,中央政府可以有效地控制地方政府债券的发行总额,在面对资金不可兼容使用这一问题时,先行排除了自身所面临的难题。首先,从理想状态来讲,地方政府债券与中央国债可以做到相互联系、相互补充。但由于资金不可兼容使用性的客观存在,地方政府债券与中央国债存在市场竞争关系。中央政府在现行的中国地方政府债券发行管理制度安排下,可以根据市场情况调节和控制地方政府债券的发行总额、发行利率和发行时间,以此保证中央国债顺利募集资金。其次,地方政府债券的发行可能引起"马太效应"的出现,即地方政府债券的发行可能导致地区间发展差距进一步扩大的问题[105]。中国中央政府负有平衡区域经济增长的责任。但如果仅根据地方政府财政状况来评判地方政府债券发行主体的资格,那么只有部分财政收支状况良好的东部沿海省份、城市和一些大型西部城市才符合发债的基本条件。对于一些中、西部地区来说,既缺乏稳定的财政收入,也缺少持续的公共项目收入和公用事业收入,难以达到地方政府债券发行应具备的基本条件。而且在中央政府不进行干预的情况下,中、西部城市即使可以发债,其发债的成本也会高于东部地区。在这种情况下,资金会进一步流入东部地区,使得地区间经济发展差距进一步扩大。对于中央政府来说,帮助中、西部地区地方政府发债融资,可以为这些地区筹集到基础设

施和公共工程建设所需的资金,进而推动其经济快速增长,缩小区域经济发展差距。在实际地方政府债券发行量的分配方面,中、西部地区确实占据了较大份额。

比较中、日两国的地方政府债券审批制度,中国的中央审批制较日本更为严格。中国中央政府对地方政府债券的发行方式、发行总量、利率和期限、偿还方式以及份额分配做出的严格限定,充分体现了中央政府一方面有意地通过一系列的约束条件控制地方政府债券对于现行国家货币政策和财政政策的影响;另一方面又希望发行地方政府债券可以更为直接地满足地方政府的资金需求,起到保障和推动国民经济平稳和平衡增长的作用。在进行发行制度设计时,中央政府出于其自身立场和利益考虑,不会优先考虑地方政府和投资者的利益问题。目前可以认为,中国地方政府债券确实起到了为经济不发达的省份提供资金支持的作用,同时也避免了因发行国债而产生严重冲击的后果。但在这种制度安排下,地方政府巨大的资金需求和投资者期望的收益都难以得到满足,地方政府与投资者都面临制度供给不足的状况。

3.2.2 地方政府信用的高信息成本

地方政府债券被认为是地方政府或其授权代理机构利用政府信用,从社会上吸收资金,用于提供公益物品和服务支出的长期债务融资。在地方政府债券的定义中,凸显了地方政府的信用在地方政府债券运行体系中的基础地位。现实中,地方政府信用状况直接影响了地方政府债券发行的主体资格、定价、规模和流通等诸多方面。但在获取地方政府信用状况的真实信息方面,地方政府拥有“现场优势”。投资者、中央政府与地方政府之间存在信息不对称的情况。在信息成本过高的情况下,一方面,投资者会因为无法将地方政府信用和地方政府债券价格相匹配,而决定离开地方政府债券市场;另一方面,过高的信息成本也阻碍了中央政府下属的监管部门对于地方政府债券运行情况进行有效的监督。出于长期考虑,地方政府债券市场的管理者应对高信息成本问题做出必要的制度安排。

市场约束模式下的地方政府拥有独立的公债发行权,地方政府债券顺利发行的关键在于成功吸引投资者的关注。市场约束模式下,地方政府债券发行主体繁多,且信用水平差距较大,投资者十分重视其相关信息披露与获取,这促使立法机关逐渐强化了地方政府债券信息披露制度,也使得地方政府在发行公债时更加依赖于信用评级制度[106]。美国证券交易委员会于1989年颁布了15c2-12规则,要求地方政府债券的承销商必须获得初次发行债券的发行人的相关信息,并按规定传递给投资人。该规则要求市政债券发行额超过100万美元时,承销商在投标、购买、许诺销售和销售债券之前,都必须获取发行人的官方陈述并对陈述加以审查。发行额在100万美元以下,则可有条件地豁免。15c2-12规则进一步要求承销商必须应客户的要求,在客户明确要求获取信息后一个工作日内,向客户提供官方陈述,并保证官方陈述充足有效。新近的15c2-12规则修正版加强了对于承销商所提供官方陈述准确性和完整性的要求。同时要求在一级市场上参与承销的承销商有义务确保发行人在债券流通期间提供年度的财务和经营信息。美国的地方政府在发债前,一般都会邀请一个或多个有资质的信用评级机构对其进行信用评级。其中,穆迪、标普、惠誉是地方政府债券市场上主要的三大信用评级机构。评级机构负责全面地评估地方政府债券的信用等级,发布关于新发行地方政府债券的相关报告。美国信用评级机构十分重视地方政府财政收入是否可以为未来债务的还本付息提供足够的支持,在确定地方政府债券信用评级时,将重点考察以下四方面的内容:①发行方所在地的经济结构及发展状况;②与地方政府债券相关联的制度体系;③发行方自身财政管理状况;④发行方的债务水平及结构[107]。

表3-3 标普的地方政府债券信用评级标准

主要内容	概要
经济	人口构成; 经济结构; 经济发展
制度	财政体制的稳定程度; 中央财政担保制度; 财政预算管理制度
财政收支的弹性	每年财政收入的弹性; 每年财政支出的弹性; 财政预算与决算的差别

续表

主要内容	概要
财务状况	流动性； 直接负债； 间接负债

为了获取较高的信用评级，发行人会试图获取信用增级，如国家保险、联邦或州担保、自动持有或使用州援助和债券保险等[108]。投资者对于地方政府信用水平要求较高，力图尽量多地获取相关信息，这推动了大量地方政府债券信息搜集和分析机构的产生。在美国，投资者可以通过公认市政证券信息库（NRMSIRS）、市政债券信息网（Munifacts）等网站及时获取投资地方政府债券所需的相关信息[109]。在信息成本较低的情况下，地方政府债券得到了个人家庭、基金、保险公司、银行和其他投资者的欢迎，并在二级市场交易频繁。

在行政控制模式下，中央政府的监管部门负责对申请发行债券的地方政府进行信用审核，很少借助民间的信用评级机构。判断地方政府债券的信用水平只能依据审批的内容、程序和结果。在日本，监管机构对地方政府债券的审批具有相对固定的标准，该标准体系由四个方面构成[110]：①发行方辖区内的经济发展状况；②发行方已有债务总量和构成；③发行方财政收支情况；④地方政府的财政管理能力[111]。这些具体的标准显示出对于地方政府债券信用评价的基本思路。随着日本地方政府债券市场的扩大和财政分权改革的推进，投资者对于地方政府债券信用水平的关切不断提升。日本的信用评级机构如格付投资情报所、日本格付研究所等，也开始对地方政府债券进行信用评级。评级主要依据包括辖区内经济发展状况、债务基本状况、财政收支结构、财政运营能力四个方面。

表 3－4　日本的地方政府债券信用评级标准

主要内容	概要
辖区内经济发展状况	产业多样性； 人均国内生产总值； 人口结构

续表

主要内容	概要
债务基本状况	债务偿还所需年数； 经修正的债务偿还所需年数； 附属机构和组织的贷款
财政收支结构	税基情况； 交付税和国库支出金； 国家信用支持
财务运营能力	政府的偿还意愿； 地区首长的财政运营能力； 未来的财政收支和偿债计划

在行政控制模式下，中央政府为了履行平衡区域经济发展的责任，往往倾向于给予经济落后地区较多的发行额。经济落后地区的偿还信用较差，中央政府以中央财政担保来推动这些地区的债券发行。在中央信用担保和行政压力的情况下，投资者将降低对发行债券的地方政府信用水平的要求，也缺乏推动提高信息透明度的动力。高信息成本的状况阻碍了一般投资者进入一级市场，而二级市场的交易也相对冷清。

表 3－5　地方政府债券市场中信用的高信息成本

状态(Situation)	结构(Structure)	绩效(Performance)
信用的高信息成本	1. 信用评级	信息成本较低； 投资者结构多元化； 繁荣的二级市场
	2. 中央审核	信息成本较高； 投资者结构单一； 二级市场不活跃

在中国地方政府债券发行管理制度中，地方政府获取发行人的主体资格的主要限定条件为须经国务院批准同意。除此之外，对发行人的审核并没有更为细致和明确的规定。因此，投资者难以依据发行人获取发行资格这一事实来判断各个地方政府债券的实际风险水平。在对外公布的地方政

府债券发行公告中,也缺乏关于发行主体财政状况、资金使用方向以及偿还资金安排等重要信息。在缺少必要和可信的地方政府债券信息的情况下,地方政府债券市场出现了投资者构成单一的状况。国有商业银行依靠与政府之间的密切联系,在投资地方政府债券方面更具有信息优势。另外,地方政府债券的免税规则也对银行具有一定的吸引力。投资者结构的单一化降低了市场对于地方政府信用水平和资金使用相关信息的需求,中国难以形成专业的地方政府债券信息搜集与分析的机构。信息的缺乏阻碍了普通投资者进入地方政府债券市场,也加大了中央相关监管部门监督资金使用和偿还状况的难度。

3.2.3 地方政府债券发行风险的规避

地方政府债券发行风险是指地方政府债券发行过程中发生损失的不确定性,即由于发行计划变更导致成本的提高或发行失败的可能性。地方政府债券的管理者对未来的判断依赖于标准的程序与主观概率的估计,而外部世界的复杂多变和管理者自身的有限理性使得地方政府债券的发行始终存在一定的风险。规避地方政府债券的发行风险需要制定相应的制度安排。

市场约束下,地方政府在发行债券前必须进行细致的风险评估,往往借助于专业的金融机构[112]。金融市场波动性强,地方债券须与其他金融工具竞争投资者,因此,发行计划可能需要根据市场情况做出调整并产生一定的成本。如果金融市场流动性较差,发行失败的可能性将加大。金融危机期间,美国部分地方政府财政状况恶化,导致信用评级水平下降。这些地区的地方政府变更了债券发行计划,提高了发行利率,加大了在债券保险方面的投入。即便如此,短期地方政府债券的发行还是发生了推迟和取消的状况。当融资计划受挫时,地方政府面临财政困境,暴露债券偿还风险的可能性加大。在市场约束制度下,由于中央政府没有为地方政府提供财政担保,地方政府按照法律规定将独立承担损失,中央财政将承受较为轻微的冲击。在联邦制国家中,地方政府拥有征收财产税的权力。将一般责任债券所募资金投入公共设施建设,可以有效地提升辖区内的土地价值,地方政府的财产税收入也会随之增加,偿债来源资金更加充实。因此,投资者在购买中长期的地方政府债券时,仍会以发行方长期的财政状况和所管辖区域的经济发展状况为主要参考因素。

对于行政控制下的地方政府债券发行，中央政府的监管部门并不进行细致的发行风险评估，其责任在于公证证券交易和限定债务人的偿还责任。地方政府债券发行资金的募集具有协调性的财政融资特色。日本地方政府在发行公债前，需提前确定债券的持有人和持有人购买的份额。从历史记录来看，政府资金、公库资金、特定资金和银行等金融机构资金是购买地方政府债券的主要资金来源。来自于一般投资者的民间资金所占比例总体偏小。其中，政府及其下属机构购买了已有地方政府债券总量的70%以上。在地方经济较为发达、金融市场较为成熟的东京和大阪地区，地方政府债券投资者结构较为不同。民间投资者持有地方政府债券的比例大阪为80%，而东京则高达90%[113]。日本这种在发行前确定债券持有人及其份额的政策，结合中央政府的信用担保，有效降低了发行风险。但将中央财政作为最后支付人的做法，实质上将发行风险转换为了系统性的财政风险。在经济情况恶化的状况下，部分地方政府债券的偿还危机将影响到整个财政体系的稳定。

表3－6　地方政府债券发行风险

状态(Situation)	结构(Structure)	绩效(Performance)
发行风险	1. 市场约束	发行成本不确定，发行可能失败； 地方政府独自承担发行风险
	2. 财政融资	发行成本波动较小，资金募集有保障； 中央财政系统性风险加大

在地方政府债券的发行审核中，中央政府更多地考虑了经济均衡发展的因素，在发行资格和份额分配的审核方面缺乏对地方政府信用水平的评估和限制。而《2009年地方政府债券预算管理办法》规定债券到期时由中央财政统一代办偿还[114]，这一规定将中央信用担保引入发行制度当中，对地方政府债券发行市场产生了以下两方面的影响。

第一，中央信用的担保以及免税政策吸引了部分以银行为主的机构投资者买入地方政府债券，确保了地方政府债券足额发行。但根据《财政部代理发行2009年地方政府债券招投标和考核规则》的规定，中国地方政府债券投标标位区间为招标日前1～5个工作日(含第1和第5个工作日)，中国债券信息网公布的中债银行间固定利率国债收益率曲线中,待偿期为3年的国债收益率算数平均值上下各浮动15%[115]。从已发行的地方政府债券来看,中标利率基本与同期无风险的国债利率相当,往往低于同期限银行存款利率。这种程度的收益率水平对个人投资者和基金没有多大的吸引力。从投资主体来看,目前地方政府债券的投资者以商业银行投资户为主,而银行基本上把地方政府债券看作国债的替代品,以资产配置、持有到期为主要目的。在整个发行过程中,除了银行以外,基金机构和普通投资者并未参与购买[116]。中央政府希望地方政府债券可以逐步取代地方政府融资平台中不规范的融资渠道。但地方债券发行规模的扩大,客观上需要提高投资者与地方政府的参与度。因此,有必要依据投资者与地方政府的偏好进一步完善发行制度,保障它们可以实现更多的利益。

第二,地方政府债券具有"代际分配"的特征,现任官员在政绩竞争的压力下,存在将地方政府债券资金用于政绩工程,而把还款压力推由后任的政府来承担的动机。中央政府代发地方政府债券,是以中央政府信用代替地方信用,会导致地方政府对于债务并不承担完全的偿还责任,客观上软化了地方政府的债务约束,进而诱发地方政府的道德风险[117]。如果地方政府在地方政府债券到期时无法偿还本息,作为双重担保人的中央政府将分担风险,直接影响到全国财政体系的稳定。

3.3 地方政府债券发行管理制度绩效评价

通过上文的比较分析,可以认为中国地方政府债券发行管理制度在创建初始,采取了纯粹的行政控制模式。在这种制度模式下,中央政府以中央审批制为核心,以信用担保制度为辅助主导了地方政府债券的发行。这种过于严格、纯粹的行政控制模式深远地影响着发行市场上各个参与方的经济和政治行为,并由此产生了以下具体的绩效。

其一,纯粹行政控制模式可以保障地方政府获得为稳定的资金供给。从1994年分税制改革的实际效果来看,中国地方政府财政收入与财政支出之间形成了巨大的缺口[118]。世界金融危机的爆发,更是凸显出了这一困扰中国地方经济发展的难题。在地方层面落实积极财政政策,意味着地方政府要进行更多的基础设施建设和提供更多的公共服务。然而地方财政长期处于入不敷出的状态。巨大的财政收支缺口导致地方政府在严峻的资本市场形势下，难以依靠自身信用筹集到足够资金。为了解决地方财政困境，中央政府建立起了具有行政控制模式特征的中国地方政府债券发行管理制度。中央政府通过利用已有的财政部国债发行渠道，辅以中央财政的信用担保，顺利地代为地方政府发行2000亿元债券，为地方实施积极的财政政策筹集到了必要的财政资金。这显示了在金融市场低迷时期，行政控制模式所特有的稳定融资能力。

其二，纯粹行政控制模式支持了经济欠发达地区的融资行为。如果一个国家按照市场约束模式管理地方政府债券市场，各地方政府将在公平的市场规则下展开竞争。经济发展较快、财政收支保持平衡、信用水平较高的地方政府将更受投资者青睐。这也导致资金进一步向经济发达地区流入，而经济欠发达地区则需要提高发行利率以争取投资者，由此不断抬高发行成本。在纯粹行政控制模式下，中央政府希望通过制订地方政府债券的整体发行计划，并将较多的发行份额分配给经济欠发达地区，避免由于地方政府债券的发行而导致地区之间经济发展不平衡的现象[119]。由表3－7、表3－8和表3－9可知，中国地方政府债券自发行以来，从发行总量来看，经济较为落后的中西部省份一直获得较东部省份更多的地方政府债券发行份额；而就各地区发行量的平均份额来看，中西部省份也领先于东部省份。可以认为，在中国分税制改革设计中，地方政府债券已经成为除税收返还和转移支付之外，第三种用于解决或缓解地区之间财力不均问题的财政工具。

其三，纯粹行政控制模式制约了地方政府债券市场规模的扩大和深入发展。由财政部代为发行的地方政府债券依赖于原有的国债发行渠道。中国地方政府债券的招标制度规定，只有国债承销团成员才能参与地方政府债券招标。此外，中央担保和具有摊派色彩的发行方式也使得承销商并不需要获取除招标通知以外的地方政府债券相关信息。在缺乏制度需求和变迁动力的情况下，地方政府债券的信息公开制度和信用评级制度建设一直处于停滞阶段，这也使得大部分投资者远离地方政府债券二级市场。一个交易低迷、缺乏足够流动性的中国地方政府债券二级市场，也阻碍了一级市场规模的扩大。

表 3-7 2009 年地方政府债券各省份分配额度

西部省份及额度		中部省份及额度		东部省份及额度			
省份	额度	省份	额度	省份	额度	省份	额度
四川	180	山西	53	北京	56	山东	59
重庆	58	吉林	55	天津	26	青岛	11
广西	65	黑龙江	60	河北	60	湖南	82
贵州	64	安徽	77	辽宁	56	广东	85
云南	84	江西	62	大连	10	深圳	24
陕西	63	河南	88	上海	76	海南	29
甘肃	65	湖北	81	江苏	84		
青海	29			浙江	67		
新疆	55			宁波	15		
宁夏	30			福建	26		
内蒙古	57			厦门	8		
合计	750		476		774		
均额	68.2		68		45.5		

表 3-8 2010 年地方政府债券各省份分配额度

西部省份及额度		中部省份及额度		东部省份及额度			
省份	额度	省份	额度	省份	额度	省份	额度
四川	180	山西	51	北京	54	山东	58
重庆	49	吉林	63	天津	25	青岛	11
广西	55	黑龙江	69	河北	129	湖南	89
贵州	54	安徽	89	辽宁	48	广东	69
云南	75	江西	65	大连	12	深圳	22
陕西	63	河南	93	上海	71	海南	25
甘肃	55	湖北	86	江苏	89		
青海	33			浙江	67		
新疆	60			宁波	13		
宁夏	26			福建	47		

续表

西部省份及额度		中部省份及额度		东部省份及额度			
省份	额度	省份	额度	省份	额度	省份	额度
内蒙古	59			厦门	6		
合计	709		516		835		
均额	64.2		73.7		49.1		

表 3－9　2011 年地方政府债券各省份分配额度

西部省份及额度		中部省份及额度		东部省份及额度			
省份	额度	省份	额度	省份	额度	省份	额度
四川	135	山西	51	北京	54	山东	62
重庆	50	吉林	63	天津	25	青岛	11
广西	60	黑龙江	69	河北	73	湖南	89
贵州	54	安徽	90	辽宁	48	广东	69
云南	89.6	江西	90	大连	12	深圳	22
陕西	68	河南	93	上海	71	海南	29
甘肃	59	湖北	86	江苏	89		
青海	39			浙江	67		
新疆	60			宁波	13		
宁夏	26			福建	47		
内蒙古	59			厦门	8		
合计	699.6		542		789		
均额	63.6		77.4		46.4		

资料来源：经中国债券信息网公布的相关中国地方政府债券发行公告整理得来。

其四，纯粹行政控制模式并未从本质上降低市场风险。财政部的信用担保将偿还风险转移给了中央财政。在发行规模有限的前提下，地方政府债券暴露偿还风险的可能性较小，也由此消除了地方政府债券的发行风险。但中央信用担保的可信度与地方政府债券市场规模的大小成反比。中央政府一直期望可以通过发行地方政府债券降低地方政府对于已有地方融资平台的依赖。据审计署统计，截至 2010 年年底，中国省、市、县三级政府总共设立的融资平台公司6576家,共产生政府性债务余额为49710.68亿元,占全国地方政府性债务余额的46.38%。这些融资平台构成复杂、管理透明度较低,地方政府债券与之相比更为有利于中央政府对于地方债务的监管工作[120]。但当地方政府债券发行总额达到一定规模时,中央信用担保就无法覆盖所有偿还风险。届时,缺乏信用评级制度和信用担保制度的中国地方政府债券发行管理制度,也将无法保证所有地方政府债券的顺利发行。

4　中国地方政府债券发行管理制度变迁分析

具有典型行政控制模式特征的中国地方政府债券发行管理制度从建立初始就饱受质疑。最为严厉的批评认为，当前的地方政府债券发行管理制度只可以被视为一种金融危机时期的应急措施[121]，是一种短期的制度平衡。因此，在完成中国地方政府债券发行管理制度实际绩效评估之后，需要回答以下问题：当前严格的行政控制模式是否存在进一步变迁的动力；如果存在制度变迁的需要和动力，那么制度变迁将以何种形式进行；变迁后所产生的新的制度体系将具有怎样的有别于现行制度体系的制度结构和制度安排。为了回答以上问题，本章将运用 SSP 范式分析制度变迁，在回顾中国地方政府债券发行管理制度变迁历程的基础上，归纳出不同阶段中国地方政府债券发行管理制度变迁的基本特征，着重分析现阶段中国地方政府债券所处基本市场状态和体制结构，探讨进一步制度变迁可能采取的主要形式和最终导致的变迁结果。

4.1 地方政府债券发行管理制度变迁历程

中国地方政府无论是在计划经济时期，还是在经济转型时期，都要面对如何为地方基础设施建设和提供公共服务筹集资金这一难题。在不同的历史时期，决策者根据当时的经济建设指导思想，制定和推行了不同的财政政策，以解决地方政府公共支出资金短缺问题。在这些不同时期的财政政策的影响下，中国地方政府债券发行管理制度经历了从初创到废止再到恢复这样一波三折的变迁历程。

4.1.1 地方政府债券发行管理制度的初创

中国地方政府债券的雏形来自于新中国成立初期所发行的两种地方政府债券——东北生产建设折实公债和地方经济建设公债[122]。其中,东北生产建设折实公债发行于1950年的东北地区。当时东北地已经全境解放两年时间,恢复经济建设成为地方政府的工作重点。但由于常年战乱的影响,东北地区仅靠财政收入难以支持大规模的经济建设。为了解决这一困境,中央政府特别批准东北地区发行生产建设折实公债以筹措资金。由于准备充分,东北生产建设折实公债发行较为顺利。在短期内即为东北经济建设筹集了大量资金。另一种地方政府公债是20世纪50年代末60年代初部分地方政府发行的"地方经济建设公债"[123]。1958年4月2日,中央政府发布《关于发行地方政府债券的决定》,宣布从1959年起停止发行国家经济建设公债,同时允许各省、省会城市、自治区、直辖市根据自身情况,发行地方经济建设公债。同年6月5日,全国人民代表大会常务委员会第97次会议通过并颁布了《中华人民共和国地方经济建设公债条例》,制定了各地方发行公债的基本管理制度。相较于东北生产建设折实公债,地方经济建设公债的发行管理制度具有以下几方面变化:①发行范围从东北地区扩大到全国范围,各省、自治区、直辖市在当地人民委员会的领导下,均可自行发债;②公债计算标准由实物转换为货币,面值包括1元、2元、5元、10元和50元共5种;③各地方为顺利发行,实际发行利率大多突破规定上限;④公债期限限制在5年之内,本金采取抽签轮次法偿还,不计复利。与东北生产建设折实公债相同的是,均属于非流通债券,不允许自由转让,不能当作货币使用[124]。

早期的两种地方政府债券发行于新中国成立时期。当时中国面临严峻的经济形势和复杂的国内外环境。为此,中央政府制订了重工业优先发展的赶超战略。为了保证重工战略的顺利实施,中国着手建立了计划经济体制,并辅以高度集中的财政管理体制。中国财政通过高度集中的管理体制实现了对社会资金的全面控制,为重工业优先发展战略提供了必要的资金保障。但由于这种高度集中的财政管理体制过于僵化,难以适应中国经济社会的发展,越来越复杂和繁多的业务使得中央财政部难以承担,对地方的管理和监管成本日益增高。面对诸多体制弊端,中国于1957年开始在计划经济体制框架内逐步进行向地方"分权"的改革尝试,这也就促成了新中国地方政府债券的首次发行。

回顾这一时期地方政府债券发行制度的创建,可以从表4-1中发现这一制度变迁过程具有以下特征:①局部制度变迁。这一时期的地方政府债券发行制度始终是整个中国财政制度体系的一个组成部分,这一局部制度变迁受制于整个制度体系变迁的约束和影响。在计划经济和高度集中的财政体制下,地方政府通过发行债券,看似拥有了一定的财政自主权,但由于地方政府的经济建设计划服从于中央政府整体经济计划,地方政府债券募集资金也是为了支持中央指定地方的建设工作,因此,地方政府债券发行制度只是高度集中财政体制的补充制度。不过从中国早期的地方政府债券发行制度从无到有的演进过程来看,局部制度具有其自身存在和发展的独立空间,在中央政府和地方政府的合力推动下,地方政府债券发行制度经历了一个逐步完善的演进过程。②渐进式制度变迁。早期的地方政府公债发行制度经历了较长时期的酝酿和准备阶段。第一次发行也选择从最先解放的东北地区开始,这不仅是因为东北地区急需建设资金,也是考虑到东北地区已有的经济基础和稳定的政治局势[125]。之后,在总结经验的基础上,又与时俱进和因地制宜地做出了不少制度改进,进而向全国推广。不过因为地方政府债券发行制度的存在时间有限,体系始终保持着较为简单的制度结构和制度安排。③强制性制度变迁。中央政府是早期地方政府债券发行制度的主要设计者,发行的目的在于为中央政府指定地方建设项目筹集资金,而该制度的实施在很大程度上得益于中央政府的支持和推动,因此具有明显的强制性制度变迁特征。在完整的计划经济体制形成之后,建立在分权改革基础上的地方政府债券发行制度便与高度集中的财政体制产生冲突。当中央政府认为地方政府债券已完成融资任务时,地方政府公债发行制度就变得不合时宜起来。

表 4－1 地方政府债券发行管理制度的初创

状态 (Situation)	结构 (Structure)	变迁方式 (Change Model)	绩效 (Performance)
重工优先发展战略； 地方缺乏指定项目建设资金	计划经济体制初期； 高度集中的财政体制的适度放松	1. 局部制度变迁 2. 渐进式制度变迁 3. 强制性制度变迁	地方政府债券发行制度作为补充制度得以建立； 顺利募集资金，但制度建设缓慢； 制度存在时间短暂

4.1.2 地方政府债券发行管理制度的废止

在两次发行地方政府债券之后，中国便停止了地方政府债券的发行。在之后的近 50 年时间内，无论是计划经济时期，还是市场经济的初期，中国一直没有恢复地方政府债券的发行。

4.1.2.1 计划经济时期的废止

20 世纪 50 年代后期，中国在计划经济体制内的第一次分权改革失败，地方可支配财力的扩张带来了大量的重复建设，中央政府对全国经济的调控能力大幅下降。为了解决越来越严重的地区分割问题，中央政府于 1961 年开始重新强化高度集中的财政体制，中央政府集中掌握了几乎所有社会财力[126]。发行地方政府债券已无必要，其发行管理制度也随之退出了历史舞台。

计划经济时期地方政府债券发行制度的废止与其产生相比，相同之处在于都具有局部制度变迁和强制性制度变迁的特征，具体形式表现为中央政府为强化高度集中的财政体制回收了地方政府发行公债的权力。不同之处在于采取了一种突进式的变迁方式，即中央政府在短时间内没有经过与地方政府充分协调便停止了地方政府公债的发行。虽然这样的变迁组合方式极大地降低了制度变迁的成本，但对原有地方政府债券发行制度的破坏，以及新制度的缺位都造成了严重的制度供给不足，对计划经济体制下的中国经济发展产生了深远的影响。

在长期实行计划经济体制和高度集中的财政管理体制后，中国经济出现了产业结构扭曲、经济增长方式粗放、经济效率低下、财政收入的增长日益萎缩等一系列问题，严重地阻碍了国民经济的持续增长以及人民生活水平的提高。在地方层面，地方政府无权自主安排本级财政收入的使用。因此，地方政府普遍缺乏主动管理辖区内经济建设的动力和条件。而地方政府债券的停止发行，直接影响了地方公共设施建设的资金供给，以致地方公共建设发展缓慢。

表 4-2　地方政府债券发行管理制度的废止

状态 (Situation)	结构 (Structure)	变迁方式 (Change Model)	绩效 (Performance)
重工优先发展战略；地方缺乏指定项目建设资金	计划经济体制成型；强化的高度集中的财政体制	1. 局部制度变迁； 2. 突进式制度变迁； 3. 强制性制度变迁	地方政府债券发行制度被废止；缺乏新的地方融资制度予以补充

4.1.2.2　市场经济时期的地方政府融资平台

为了扭转计划经济体制造成的国民经济发展困局，中国于 1969 年再次启动分权改革。但计划经济体制下，仅仅通过由“条条”变“块块”的行政管理权转变，始终无法改善国民生活水平、解决经济结构不合理和生产效率难以提高等问题。最终，中央政府做出了改变发展战略的决定。新的发展战略以提高人民生活水平为最终目的，重视经济效益，强调在发挥比较优势的前提下实现国民经济的平衡发展。为了新发展战略的落实，国家经济体制转向市场经济，而财政体制也开始了财政包干体制改革。以上体制改革迅速推动了国民经济的复苏，城市基础设施需求快速增长，各城市政府的财力越来越难以满足日益扩大的基础设施建设资金需求。

为了筹集建设资金，在中央政府的允许下，中国地方政府开始尝试多种融资渠道。先后使用过的融资方式包括国内银行贷款、国内银团贷款、国际银行贷款、国际银团贷款、外国政府贷款、国际金融机构贷款、发行债券融资（通过投融资载体）、委托贷款融资、信托计划融资、民间资本融资、ABS 债权融资、产权交易融资、增资扩股融资、投资基金融资、风险投资融资、BOT 项目融资、TOD 项目、REIT 项目融资、项目包装融资、无形资源融资、土地资源融资、整合资源融资共 22 种融资模式[127]。通过长期的尝试，地方政府逐渐形成了以外国贷款、项目融资、信托与市政建设公司融资为主的地方政府融资平台。以上融资渠道，在为地方政府提供相对充足的建设资金和帮助地方政府在金融危机时期筹措资金方面都发挥了不可忽视的作用。但由于各自条件所限，这几条主要的融资渠道都存在一些缺陷。外国贷款与项目融资虽然管理相对严谨，但可提供的资金有限，难以成为地方政府融资的主要渠道。地方政府通过基础设施建设投资公司和发行企业债券等“准市政债券”的方式进行融资，具有形式多变和募集资金多的优点，但缺乏有效监督而容易滋生腐败[128]。为了规范地方政府融资平台，从 1998 年起，中央政府通过“国债转贷地方”的方式为地方政府间接融资，在 1998—2003 年国家筹集的 8000 亿元国债投资资金中，约有 1/3 的中央财政以转贷的方式将国债资金间接注入地方投资领域。国债转贷对于地方的公共工程和基础设施建设起到了一定的资金支持作用，但由中央包办的举债方式不利于地方政府根据其辖区内实际公共建设资金需求安排融资计划，同时也扩大了中央财政的偿还风险。虽然已有的经验证实地方政府债券是一种有效的地方政府融资工具，但受限于《预算法》中禁止地方政府举债的规定而难以实行。

地方政府融资平台的出现，标志着地方融资制度体系的产生，这是一种新的财政制度创新。在众多地方政府的主导下，其产生和发展的过程体现出诱致性制度变迁的基本特征。在启动分权改革后，各个地方政府作为财政体系中的微观主体，在自身利益的驱动下，利用重新恢复的金融市场，纷纷开始尝试各种融资渠道，寻找符合自身融资需求的融资模式，由此形成了结构复杂的地方政府融资平台[129]。地方政府融资平台的出现，填补了地方政府债券退出后留下的地方政府融资渠道空缺。可以认为，地方融资制度是在地方政府内生的制度需求推动下逐步完成的渐进式制度变迁，因此未引起社会的动荡，并且各种制度安排的成功率较高。但这种渐进式的诱致性制度变迁耗费时间较长，地方政府融资制度始终未能与财政体制相契合。由于其结构的复杂性，中央政府在缺乏有效渠道和手段获取地方债务管理信息的情况下，难以有效遏制地方政府的机会主义行为，客观上导致了地方债务的居高不下[130]。

表 4-3 地方政府融资平台的产生

状态 (Situation)	结构 (Structure)	变迁方式 (Change Model)	绩效 (Performance)
注重经济效益的发展战略；	社会主义市场经济初期；	1. 局部制度变迁； 2. 渐进式制度变迁；	结构复杂的地方政府融资平台； 地方融资平台监管成本较高；
地方缺乏基础设施建设资金	财政分权改革	3. 诱致性制度变迁	产生了大量的地方债务和经济效用较低的投资项目

4.1.3 地方政府债券发行管理制度的重建

1994 年，中国启动了分税制改革，中国财政体制改革实现了从行政性分权向经济性分权的根本转变，但也造成了事权重心下移、财权重心上移的客观事实，地方政府承担了较多的公共管理事务，由此产生了较大的财政压力[131]。由于地方政府需要大量资金以支持地方公共设施建设，而已有的地方融资平台透明度较低且风险较高，许多学者开始积极地主张恢复地方政府债券的发行。姜维壮（2009）根据公共产品理论，针对中国分税制改革中地方政府财权与事权不匹配的现状，提出应允许地方政府发行地方政府债券，取代过于混乱的地方融资平台[132]。但也有学者主张应先推动中央与地方关系的法制化进程，王红建（2009）认为按照立法保留原则的要求，只能通过法律确立地方政府债券制度[133]。关于地方政府债券发行管理制度的讨论一直持续到国际金融危机的爆发，在这一特殊历史事件的推动下，地方政府债券才得以回归历史舞台。

2008 年，中央政府重启积极的财政政策，但在金融危机的影响之下，中国的财政收入已经显现出下滑趋势[134]。据统计，2009 年 1—2 月全国财政收入同比下降 11.4%。其中，中央本级收入下降 20.2%，地方本级收入下降 0.1%。在收入减少和支出增加的双重压力下，地方政府依靠原有的财政收入只能解决配套资金 3000 亿元。为了弥补剩余的资金缺口，中央政府开始重新审视地方政府债券发行问题。2009 年 2 月 17 日，十一届全国人大常委会第十八次委员长会议听取审议了《国务院关于安排发行 2009 年地方政府债券的报告》，并在“两会”期间通过了关于发行地方政府债券的决议。2009

年2月18日，财政部下发了《2009年地方政府债券预算管理办法》[135]（以下简称《管理办法》）。该《管理办法》规定，2009年发行的地方政府债券，采取经国务院批准同意，以省、自治区、直辖市和计划单列市政府为发行和偿还主体，由财政部代理发行并代办还本付息和支付发行费的发行形式，为可流通记账式债券。至此，地方政府债券进入实质发行程序，地方政府债券发行制度得以恢复。之后，财政部又先后颁发了一系列相关的规章制度，包括《关于做好发行2009年地方政府债券有关工作的通知》《财政部代理发行2009年地方政府债券发行对付办法》《2009年地方政府债券预算管理办法》《财政部代理发行地方政府债券财政总预算会计核算方法》等文件，进一步明确规定了地方政府债券的发行方式、使用范围、监督管理等工作的管理办法。由此，新的中国地方政府债券发行管理制度体系也得以形成和确立。

产生于特殊历史时期的中国地方政府债券发行管理制度，其确立过程与早期地方政府债券发行制度的确立过程十分相似，都采取了一种局部的、渐进式的强制性制度变迁方式。首先，作为一种局部制度变迁，中国地方政府债券发行管理制度的确立是分税制改革的组成部分之一，其制度结构和安排将随着分税制改革的进程而发生相应的演进。在从属于分税制改革的同时，中国地方政府债券发行管理制度中很多具体的制度安排也需要根据中国地方政府债券发行市场发展的自身规律和实际存在的问题加以调整和完善，即其制度变迁也具有相对的独立性。其次，为了推动中国地方政府债券发行管理制度的落实，中央政府采取了增量改革的策略，并未在发行地方政府债券的同时禁止地方政府使用已有的地方融资平台，地方政府完全接受并使用了这一新扩展的融资渠道，由此中国地方政府债券发行管理制度得以顺利推行。最后，在全球金融危机的背景下，地方政府债券发行管理制度得以在较短的时间内，以较低的制度变迁成本完成从审议到公告再到落实的确立过程，充分体现了中央政府主导的强制性制度变迁的优势所在[136]。但中央政府在设计地方政府债券发行管理制度时，依据的是自身对客观经济形势的主观判断，中央政府自身以往的经验和知识结构是其做出判断的基础。由于有限理性的客观存在，中央决策者存在出现判断失误的可能性。更为重要的是，强制性制度变迁从本质上来讲不符合一致同意原则，作为地方政府债券发行市场主要参与方的地方政府和投资者的制度需求未能得以满足，这将限制地方政府债券发行市场的发展。

为了扩大地方政府债券市场,2009年至今,中国地方政府债券发行大致经历了3个阶段:一是“代发代还”阶段,由于当时地方政府债券的发行渠道尚未建立,2009—2010年地方政府债券全部由财政部“代发代还”。二是“自发代还”试点阶段,2011—2013年,国务院先后批准上海、江苏等6个省份在限额内实施地方政府债券“自发代还”。三是“自发自还”试点阶段,2014年,国务院批准浙江、上海等10个省份试点地方政府债券“自发自还”,规模为1092亿元。2015年1月1日起实施的新预算法赋予地方政府发行政府债券举借债务的权利,地方政府债券由此进入“自发自还”新阶段。根据“新规”,一般债券以一般公共预算收入还本付息,专项债券以项目对应的政府性基金或专项收入还本付息,偿债资金来源更加明确。不仅地方政府债券从一般债券扩展至新发行的专项债券,地方政府债券的期限品种也将更加丰富。一般债券将在原有5年、7年和10年期品种的基础上,增加1年和3年期品种;专项债券则扩展至1年、2年、3年、5年、7年和10年6个期限品种。同时,不同期限品种债券的发行比例也较之前灵活,以便能更好地实现融资与项目周期的匹配。

表4-4　地方政府债券发行管理制度的恢复

状态 (Situation)	结构 (Structure)	变迁方式 (Change Model)	绩效 (Performance)
注重经济效益的发展战略; 事权与财力不匹配	社会主义市场经济的确立; 分税制改革初期	1. 局部制度变迁; 2. 渐进式制度变迁; 3. 强制性制度变迁	恢复地方政府债券发行管理制度; 与地方融资平台并存; 制度供给不足影响市场发展

4.2 地方政府债券发行管理制度的变迁展望

中国地方政府债券发行管理制度变迁的动力,来源于债券发行市场上各参与方对已有制度体系进行改革的期望。各参与方制度期望实现的程度,取决于制度变迁的形式。而制度变迁的具体形式往往受到发行市场基本状态和上层制度结构的约束与限制。本章从分析未来中国地方政府债券发行市场的基本状态和上层制度结构开始，探讨中央政府、地方政府和投资者围绕地方政府债券发行管理制度所展开的博弈过程，由此勾勒出地方政府债券发行管理制度未来可能的变迁轨迹。

4.2.1 未来制度变迁所处的基本状态和上层制度结构

财政分权是中国地方政府债券发行管理制度产生和发展的基本时代背景，分税制改革则是影响和约束发行管理制度变迁的主要上层制度。于1994年开始实施的分税制改革推动中国财政分权从行政性分权阶段，跨越至经济性分权阶段，初步建立了与社会主义市场经济体制相适应的分税分级财政体制框架[137]。但在分税制改革的实践过程中，也不断地暴露出一系列问题和制度缺陷，这就形成了中国地方政府债券发行管理制度变迁所处的基本状态和上层制度结构。

4.2.1.1 基本状态

中国分税制改革客观上造成了地方财政收支状况的持续恶化和地区经济发展水平差距的不断扩大。这两大地方经济发展难题构成了中国地方政府债券发行管理所将长期面临的基本状态。

地方财政收支状况的持续恶化来源于分税制改革对地方事权和财权的不合理分配[138]。地方财政分税制建立时，划分政府间事权与财权的依据主要是原有财政收支格局与行政隶属关系。在十余年改革后，并未重新进行测算和调整。再加上分税制改革的制度构建主要依赖于行政法规，并未通过立法程序将分税制的基本原则融入宪法或其他相关法律之中，这就造成了事权重心层层下移和财权重心层层上移的实际情况。在事权分配方面，中国采取单一制国家结构，在关于事权的谈判、协商、仲裁等公开博弈中，上级政府的讨价还价能力明显强于地方政府。虽然地方政府也可以通过曲解政策、补充文件、虚报实情等方式，利用自身现场信息优势与中央政府展开隐性博弈[139]，但在垂直政治体制框架下，事权的下移更容易找到制度依据而顺利推行。反观财权分配，在基数法的影响下，体现中央财力的两个比重不断增加，而地方政府收入则不断下降。面对事权与财权的不匹配，地方政府开始通过多种融资渠道筹集资金，以规避分税制对其增加财政可支配财力的限制。在缺乏必要监督机制的情况下，地方政府债务，特别是隐性负债迅速增加。在没有法律规定地方政府破产条件的情况下，中央政府成为地方债务实际的“最后偿债人”，中央财政也由此陷入巨大和难以明确估计的地方债务偿还风险之中[140]。理论上，地方政府债券市场规模的扩大有助于扭转这一困局。这意味着在化解地方政府债务的压力下，中央政府与地方政府之间可以达成扩大地方政府债券发行市场规模的基本共识。

造成地区经济发展水平差距不断扩大的原因在于分税制改革所遵循的“存量不动，增量调整”原则。这一原则保留了按基期年地方既得财力确定财政体制支出基数的做法。由于东部地区税收水平和构成优于中西部地区，在分税制制度框架下，东部地区较中西部地区获得了更多的财政资源，并具有较高的财政可支配权[141]。如果采取市场竞争原则发行地方政府债券，经济发达地区将获取大部分市场资金。在缺乏资金支持的情况下，中西部地区的基础设施建设和公共服务水平将进一步落后于东部地区。行政控制制度模式，在行政审批制度的保障下，制订了有利于中西部地区的整体发行计划，而中央财政的担保则消除了各地区财政信用水平差别对发行成本的影响。可以认为，为了解决分税制加大地区间发展不平衡的问题，中国地方政府债券发行管理制度承担起了一部分转移支付制度的责任，并已经起到了一定的作用。但这种有违金融市场自由竞争原则的制度设计也制约了地方政府债券发行的市场化进程，与进一步扩大发行市场规模的共识产生了冲突。

4.2.1.2　上层制度结构

地方政府债券发行管理制度作为分税制体系的组成部分，其变迁方向和形式将深受分税制改革进程的影响，具体表现在以下两个方面。

一是分税制改革下省级以下地方政府未进入分税制轨道，限制了地方政府债券发行管理制度的适用范围。中国的政治体制框架为五级政府架构，包括中央、省、市、县、乡，并相应设立了五级预算，由此产生了中央对省、省对市、市对乡、乡对县四对财政关系[142]。考虑到中国地域广阔、地区之间差异较大，中央政府应循渐进式的改革路线，在1994年的分税制改革中采取了过渡性措施，仅对中央政府和省级地方政府的财政收支范围做了划分。对于省以下地方政府的分税制改革工作被指派给各个省级政府，要求各省级政府根据分税制改革原则，结合本省实际情况，分别制订和推动分税制改革计划。经过十余年的分税制改革实践，中央与省级政府之间已完成了分税制基本框架的构建，但省以下的分税制改革始终未取得实质性的进展[143]。中国地方政府债券发行管理制度采取了行政控制模式，在中央政府难以控制省以下地方财政预算的情况下，省以下地方政府的资金需要将不可能进入地方政府债券整体发行计划的考量范围，这使得中国地方政府债券只能成为省级地方政府的融资工具，而发行管理制度也只适用于省级政府发行债券的管理工作。

二是分税制缺乏必要法律基础的缺陷影响了地方政府债券发行管理制度的进一步完善。财政分权理论主张应通过宪法和其他法律形式明确规定各级政府之间的财政关系，保障地方财政的自主程度和强化各级政府行政管理的相对独立性。而中国财政分权改革一直缺乏必要的法律基础，中央、省、市（地区）、县、乡镇等各级次政府的行政责任与财政权力以及中央政府与地方政府之间的责权划分始终没有从法律上予以确定[144]。政府间财政关系调整所依据的法律规定多是来自于中央的“决定”和“通知”，分税制改革的基本原则至今未在宪法和相关法律条文中得以体现。同样的问题也延续到了地方政府债券发行管理制度体系的建立之中。

4.2.2　未来制度变迁的方向

2009 年地方政府债券发行管理制度的恢复与 20 世纪 50 年代的地方政府债券发行制度的创建具有相同的制度变迁形式，由此有学者认为地方政府债券发行管理制度也只会是一种短期制度平衡，不会长期存在于中国财政管理制度体系之中。本章认为，20 世纪 50 年代的地方政府债券发行制度产生于计划经济时期，其与当时占主导地位的高度集中的财政体制存在本质上的冲突。而 2009 年建立的地方政府债券发行管理制度符合财政分权思想，是中国分税制改革的必要环节之一。虽然严格的行政控制模式限制了发行市场的规模与结构，但市场上各参与方都存在推动制度变迁的动力，并有望对于制度变迁的基本方向达成共识。

地方政府债券发行市场上的主要参与方可以大致分为中央政府、地方政府和投资者三类。这三类参与方出于自身利益考虑，对地方政府债券发行管理制度都存有各自的需求。虽然这三类参与方存在一定的利益冲突，但通过对这三类参与方制度需求的解析，还是可以归纳出符合三方的共同利益的制度变迁方向所在。中国中央政府是现阶段地方政府债券发行管理制度的设计者。出于宏观经济管理责任,中国中央政府在设计地方政府债券发行管理制度时,希望地方政府债券的发行可以对宏观经济调控起到以下积极作用:①推动分税制改革,为地方政府所承担的“事权”提供相匹配的“财权”;②减少地方政府对原有融资平台的依赖,增加地方政府债务的透明度;③完善金融市场构成,为投资者提供具有稳定收益的金融产品。地方政府作为债券募集资金的使用者,则期望地方政府债券的发行可以帮助其达到以下目的:①获得支持地方基础建设的必要资金;②缓解预算周期内财政收支不平衡。而投资者作为地方政府债券市场资金的供给方,其所追求的并不仅仅是稳定的投资回报。出于优化已有的投资组合的目的,投资者希望地方政府债券可以提供更为丰富的产品结构。通过以上对于各参与方期望的阐述,可以发现各参与方在合理扩大地方政府债券发行规模、丰富债券产品方面存在基本共识。因此,地方政府债券发行管理制度变迁的大前提在于,通过引入新的制度安排,重新构建出更有利于地方政府债券发行市场的扩大和深入发展的发行管理制度结构。在明确这一前提的基础上,地方政府债券发行市场上的各参与方将根据自身的利益诉求,在冲突与合作之间不断达成妥协,并由此决定地方政府债券发行管理制度变迁的具体形式,并催生出新的制度体系。

在明确了中国地方政府债券发行管理制度变迁的基本方向之后,需要探讨其变迁的具体形式。由第3章的研究可知,中国地方政府债券发行管理制度体系由核心制度、配套制度以及相关法规3个部分构成。由于中国政治和经济体制的特殊性,地方政府债券三个主要参与方对于这三部分制度构成的影响力存在较大的差别。因此,本章将分别讨论这3个制度组成部分,随着地方政府债券发行市场的发展,其各自未来的演进方向,也由此勾勒出中国地方政府债券发行管理制度未来具体的变迁形式和结果。

4.2.2.1 核心制度的演进

发行审批制度是地方政府债券发行管理制度的核心制度,其内容包括发行审批的规则、程序和内容等方面。发行审批制度所需要解决的首要问题是发行审批权的归属问题。地方政府债券的发行审批权归属于中央政府,意味着地方政府债券发行管理制度属于行政控制模式;如果发行审批权归属于地方政府,地方政府债券发行管理制度则属于市场约束模式。因此,探讨发行审批制度的演进方向应从发行审批权的归属问题开始。受制于中国的政治决策程序,中央政府与地方政府是推动这一制度安排变迁的主要力量。关于地方政府债券发行审批制度演进的分析,可以简化为中央政府与地方政府围绕债券发行审批权所展开的双人讨价还价博弈分析。

本章首先假定关于地方政府债券发行审批权的博弈符合严格的双人讨价还价博弈的基本假设,即假设博弈参与方1(地方政府)和参与方2(中央政府)的可交易集合X。集合X符合以下3个假设:①集合X是凸的;②集合X是闭的,且具有上界;③允许交易双方自由处置其效用[145]。对于博弈参与方存在一个谈判破裂点 b,博弈双方在谈判破裂后的得益为数 $F:B\to\mathbb{R}^2$,定义一个讨价还价解,其中得益组合 $F(X,b,d)$ 总处于可行集 X 之中。本节研究的重点是一般的纳什讨价还价解 $G:B\to\mathbb{R}^2$,在给定参数 $\alpha\geqslant 0$ 和 $\beta\geqslant 0$ 时,在 X 中的点 $s=x$ 上,纳什乘积为:$(x_1-d_1)^{\alpha}(x_2-d_2)^{\beta}$,当 $x\geqslant b$ 时取最大值,纳什乘积为最大值。α 和 β 被称为地方政府和中央政府的讨价还价能力,而 $\frac{\alpha}{\beta}$ 的比例关系则可以用于刻画地方政府债券发行审批权在中央政府与地方政府之间的划分。

在行政控制模式下,中央政府依靠中央审批制,基本掌握了地方政府债券的发行审批权。因此,如图4-1所示,在行政干预模式中,$\alpha<\beta$,博弈均衡点处于有利于中央政府的 U 点位置。相对地,在市场约束模式下,地方政府则拥有一个相对独立的地方政府债券发行审批权,中央政府出于维护金融市场基本秩序的需要,实行一定的监督权。因此,如图4-2所示,在 $\alpha>\beta$ 的情况下,双方博弈的均衡点位于有利于地方政府的 E 点位置。

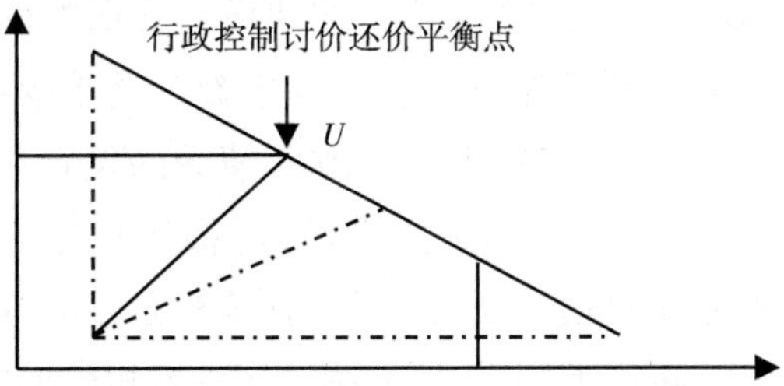

图4-1 行政控制模式下发行审批权的分配

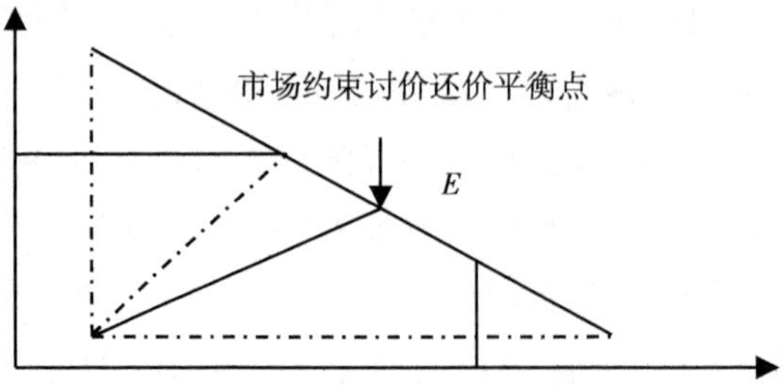

图 4－2　市场约束模式下发行审批权的分配

正如前文所述，严格的行政控制管理模式得以实行，既依赖于中央政府的全力推动，也得益于地方政府将其视为增量改革而采取的积极配合态度。当时博弈双方讨价还价能力的对比呈现出 $\alpha < \beta$ 的态势。但对于中央政府来说，发行地方政府债券的意义绝不仅仅是为地方政府多增加一条融资渠道。分税制改革后，在财政收支缺口扩大的压力下，地方政府建立了一套融资功能强大，但缺乏信息透明度、难以监管的地方融资平台。地方债务，特别是隐性债务的迅速积累，使得中央政府希望具有相对较高透明度的地方政府债券可以逐渐取代已有的地方政府融资平台[146]。

当中央政府着手清理地方政府旧的融资平台时，地方政府也产生了推动地方政府债券发行市场发展的动力。这是因为中国地方政府之间存在激烈的经济发展竞争。基础设施和公共项目的建设则是中国地方政府保障自身所辖区域经济增长、争取优秀政绩表现的主要途径[147]。然而基础设施和公共项目建设周期长、资金需求量大。就目前地方政府的收支状况而言，其税费收入越来越难以支持大型公共项目的建设。在旧的融资平台受限的情况下，发行地方政府债券便成为地方政府筹集资金的重要渠道。由此，地方政府也会要求中央政府进一步扩大地方政府债券的发行规模。中央政府作为地方政府债券发行管理制度的主要设计者，将认真考虑地方政府的制度需求，以达到扩大地方政府债券发行市场、引导地方政府整合和清理其他融资渠道的目的。因此，在扩大地方政府债券市场的共同期望下，伴随着地方政府融资平台的收缩，地方政府关于地方政府债券发行审核权的讨价还价能力 α 将逐渐增强，而中央政府的讨价还价能力 β 将随之降低。随着双方讨价还价能力的此消彼长，中央政府和地方政府将在推动发行市场逐步扩大共识的基础上，通过妥协使地方政府的制度需求在发行审批制度中有所体现,其结果如图4－3所示。

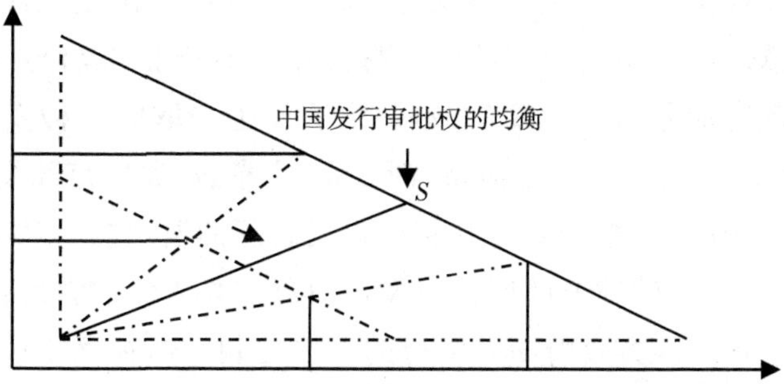

图4－3　地方政府债券发行审批权的下放

中央政府开始与地方政府分享地方政府债券的发行审批权,是否意味着中国地方政府债券发行管理制度将由行政控制模式转变为市场约束模式?换言之,中国地方政府债券发行审核博弈参与方之间讨价还价能力对比的态势是否存在由$\alpha < \beta$转变为$\alpha > \beta$?本书认为这种态势的转变受制于两方面的因素而不可能实现。其一,虽然中国地方政府在经济活动中存在相对的自主性,并在对财政收入的“剩余索取权”和部分资源配置权的需求的推动下成为制度变迁的“第一行动集团”,但地方政府在主要官员任免和财政自主上,不同程度地依附于中央政府[148]。因此,中国地方政府在推动制度变迁方面,出于习惯、文化、意识形态、价值观等不同因素的考虑也不会照搬某种制度模式。其二,市场约束模式对金融市场环境和财政纪律的执行具有较高的要求,在金融市场发展较为落后、财政纪律较为松散的国家,市场规律难以约束地方政府的发债行为。20世纪90年代之前,巴西在地方政府债券发行方面一直实行市场约束管理模式。由于地方政府的举债行为缺乏有力的约束机制,导致20世纪巴西前后出现了3次地方债务危机。债务危机发生之后,联邦政府皆以中央财政为担保,化解地方债务风险,最终由于第三次地方债务危机规模过大而引发了全国性的债务危机。巴西联邦政府动用了包括法律、行政、司法在内的几乎所有中央行政控制手段解决了地方债务问题。而地方政府债券发行管理制度也由市场约束模式转变为行政控制模式。因此,中国不会改变行政控制模式,中央政府将有条件地与地方政府分享地方政府债券的发行审批权。作为行政控制模式的代表国家,日本自2006年起,在一定条件下允许地方政府直接举债。同时,日本中央政府给予报请总务省审核的地方政府以下两项优惠：①总务省在计算对地方政府的转移支付时，考虑偿债因素；②中央政府为满足条件的地方政府提供优惠借款。以此激励地方政府选择经中央政府批准后再举债，防止总务省对地方政府债务监管力度的减弱[149]。作为采取同一种发行制度模式的中国，于2011年正式通知上海市、浙江省、广东省、深圳市开展地方政府自行发债试点。2014年宣布给予10省市自发自还的发债权。从2009年的财政部代发到2011年的地方政府自行发债，再到2014年的自发自还，中央政府正在逐步放松对地方政府债券发行的严格控制。但在逐步放松后的行政控制模式下，地方政府拥有的是有条件的债券发行权，与市场约束模式下的独立发债权存在本质区别。为了吸引地方政府积极使用地方政府债券募集资金，发行审批制度的改革不止于审批权的有条件下放，还应在发行规则、审批程序和内容上加以改进。这一部分内容将在第5章加以详细论述。

4.2.2.2 配套制度的演进

虽然政治决策程序将投资者排除于核心制度变迁主体之外，但投资者是地方政府债券发行市场上资金的供给者，出于投资回报最大化的需求，投资者对地方政府债券发行管理制度具有其独特的制度需求。如果投资者的制度需求难以满足，利益无法得到保障，投资者将选择离开地方债券发行市场。因此，为了扩大地方政府债券的发行量，无论制度设计者、中央政府，还是地方政府债券，都将在符合自身利益的前提下，在配套制度设计上尽量迎合投资者的制度需求。

投资者的制度需求在于进一步推动地方政府债券发行的市场化程度，内容包括：①制定信息披露制度，详细规定地方政府债券信息公开的时间和内容；②引入信用评级制度，促使更多的专业分析机构进入地方政府债券发行市场；③减少对于投资者参与一级市场的限定，承销资格不应与国债承销资格直接挂钩。以上投资者的制度需求都可以在现有的地方政府债券管理制度框架下逐步实现，并有助于发行市场规模的扩大。因此，其为中央政府与地方政府所接受的可能性较大。作为行政控制模式的代表国家，日本开始了以投资者需求为导向的地方政府债券发行市场改革。首先，启动了地方政府债券利率定价的市场化定价改革。10年期地方政府债券的利率及发行价由财务省代表发行机构与辛迪加公司及银行协商确定，其他期限的政府债券一律以竞价方式发行。其次，逐渐引进信用评级制度。除日本本国的格付投资情报所、日本格付研究所可以对本国地方政府债券进行信用评级外，世界三大信用机构也可以参与日本地方政府债券的信用评级工作[150]。最后，有计划地减少中央政府资金对地方政府债务的投入，其所占新增债务的份额已经从1999年的45.37%下降到2004年的32.03%。

4.2.2.3 相关制度的演进

在中国地方政府债券发行管理制度60余年的变迁历程中，局部制度变迁一直是地方政府债券发行管理制度主要的变迁方式之一。这是因为相对于联邦制国家，在中国的单一制体制下，地方政府权力来自于中央政府的委任，而立法权一直为中央政府所掌控[151]。虽然学术界一直在批评地方政府债券发行管理制度缺乏必要的法律基础，主张效仿其他行政控制模式国家，尽快建立《地方政府债券法》，以明确地方政府的举债权利和偿债责任，有效地约束地方政府的发债行为。地方政府债券发行管理制度始终是分税制制度体系的一部分。在地方政府无立法权的情况下，地方政府债券发行管理制度相关制度的完善与分税制改革的进程息息相关。然而即使是已经开始了近20年的分税制改革，也仍然缺乏坚实的法律基础[152]。目前中国中央政府及地方各级政府的地位和作用、中央政府与地方各级政府之间责权的划分等重要问题都尚未从法律上予以确定，中央政府的"决定"和"通知"是政府间财政关系调整的主要依据。因此，中国地方政府债券发行管理制度变迁仍只能沿着局部制度变迁的路径依赖，继续等待相关制度随着分税制法律基础的确立而发生相应的变化。

综上所述，未来中国地方政府债券发行市场将在各参与方的一致同意下逐步扩大和深入发展起来，发行管理制度必须适应这一趋势并作出相应的改变。推动制度变迁的主体将由中央政府一方，扩大为中央政府、地方政府和投资者三方。在三方博弈过程中，核心制度与配套制度都将发生相应的逐步演化，由此，未来的中国地方政府债券发行市场管理模式将发生如图4－4所示的变化。

在发行管理制度将按照渐进式诱致性制度变迁形式演进时，由于中国特殊的政治和财政体制，地方政府债券发行管理制度作为分税制制度体系的组成部分之一，其相关法律基础的建立仍需期待分税制改革的深入，从而难以突破局部制度变迁的路径依赖。

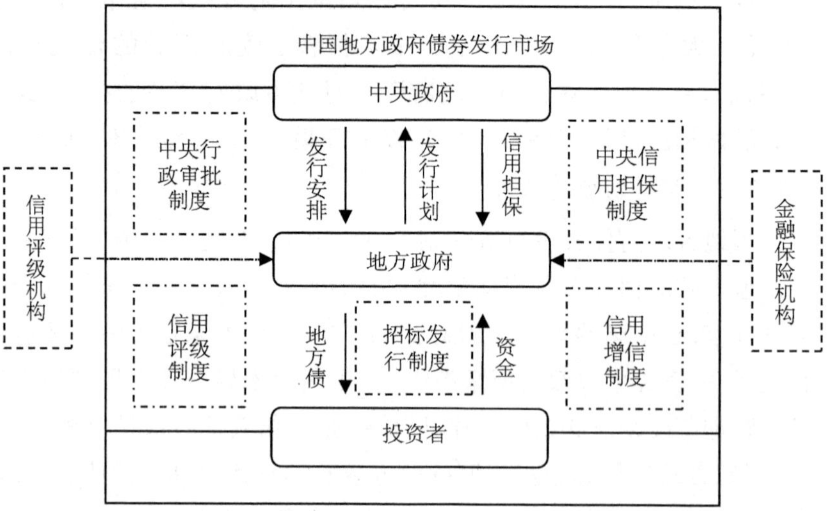

图 4－4　未来中国地方政府债券发行市场管理模式

表 4－5　未来地方政府债券发行管理制度变迁

状态 (Situation)	结构 (Structure)	变迁方式 (Change Model)	绩效 (Performance)
地方政府财政收支不平衡； 地区间经济发展差距加大	分税制改革的深入发展	1. 局部制度变迁； 2. 渐进式制度变迁； 3. 诱致性制度变迁	制度变迁主体多元化； 严格行政控制模式的逐步放松； 市场化制度安排的引进； 相关法律制度改革滞后

5 中国地方政府债券发行审批制度分析

行政控制模式下的地方政府债券发行管理制度中，发行审批制度处于首要地位。按照发行审批制度的规定，各个地方政府每年需要在规定的时间内制定并向中央政府上报各自的地方政府债券发行计划，计划内容包括债券的数额、用途、期限和品种等。中央政府内的主管部门将审核和汇总各地方的发债计划。在审批工作完成后，分别向各个地方下达地方政府债券的具体发行安排[153]。在这种"多对一"的发行审批制度安排下，中央政府主管部门由于行政管理能力有限，难以兼顾众多地方政府各自不同的公债发行需要，最终下达的发行安排往往与地方政府实际的资金需求存在一定的差距，这在客观上限制了地方政府使用地方政府债券融资的效用，阻碍了地方政府债券市场的扩大与发展。中国地方政府债券的发行审批制度建立时间较短，缺失许多必要的法规制度，故难以明确地规范和指导地方政府债券发行审批工作的开展。本章将根据中国地方政府债券发行管理制度的基本变迁方向，在分析中国地方政府债券发行审批制度现状的基础上，结合中国地方政府债券发行市场的基本情况，依据国外地方政府债券发行管理经验和必要的经济学理论分析，探讨中国地方政府债券的发行审批制度体系的完善以及具体细则的改进措施。

5.1 地方政府债券发行审批制度体系的完善

自2009年起，我国已经连续8年发行地方政府债券，但关于地方政府债券的专门法律制度仍处于空白阶段。目前，由财政部颁布的一系列通知与规定,是中国地方政府债券发行审批管理工作的主要依据。其中,《2009年地方政府债券预算管理办法》(以下简称《办法》)和2011年开始实施的《地方政府自行发债试点办法》对发行审批工作具有较强的指导意义。以上文件对地方政府债券的发行审批主要产生了以下4个方面的影响。

第一,限定了地方政府债券发行主体的构成。《2009年地方政府债券预算管理办法》第二条规定,在国务院批准同意的情况下,各个省、自治区、直辖市和计划单列市的地方政府均可成为地方政府债券的发行主体。自2011年起,部分特批省、市可以根据《地方政府自行发债试点办法》自行组织地方政府债券的发行工作。

第二,规定地方政府债券发行审批的基本程序。《2009年地方政府债券预算管理办法》(以下简称《办法》)第五条规定明确指出,发行审批首先由地方政府对公债投资项目进行选择和初审,再将初步制订的发行计划申报中央财政部。财政部在汇总各地地方政府债券发行计划后,分别加以审查。审查通过后,财政部将制订统一的发行计划,并告知地方政府。

第三,限定了地方政府债券所募资金的使用范围。《办法》中的第五条对地方政府债券所募资金的使用范围作了规定,要求公债所募资金只能用于公益性项目。同时,《办法》明确禁止公债所募资金用于经常性支出和可以通过市场化行为筹资的投资项目。

第四,限定了地方政府债券的品种、期限和发行方式。根据地方政府债券投标规则,中国地方政府债券统一为记账式固定利率附息债券,除部分自行发债的省、市外,财政部代为发行的地方政府债券主要通过单一价格荷兰式招标方式发行,期限为3年、5年和7年。

由财政部制定的《办法》和《通知》组成的中国地方政府债券发行审批制度,缺乏严谨的制度结构和细致的制度安排。中国地方政府债券发行审批过程包括地方人大的初步审查和国务院的最终审批两个环节。地方人大和国务院按照怎样的具体程序和标准进行审批工作,没有正式的规范可以依据。地方人大如何审查公债投资项目和投资规模,国务院如何确定发债主体资格、制订最终的整体发行计划,都缺少制度化的规定。

5.1.1 地方政府债券发行审批制度法律基础的完善

完善中国地方政府债券发行审批制度的法律基础,应充分考虑到中国地方政府债券发行市场的发展趋势。正如前文所述，在原有地方政府融资平台面临清理和整顿的形势下，中央政府和地方政府都将产生推动地方政府债券发行市场规模扩大的需要。为了实现这一目标，中央政府需要逐步放松过于严格的发行审批管理，赋予地方政府一定的自主权，使之可以根据自身资金需要和金融市场状况，自主安排地方政府债券的发行，从而促使地方政府摆脱对原有融资平台的依赖。但随着发行规模的扩大，中央政府为降低中央财政风险，也将随之缩小中央财政信用担保的适用范围。以上制度改革都需要配合以相关的法律规定的修改，以明确中央政府和地方政府在地方政府债券发行过程中的权力与责任，起到规范和约束地方政府的举债行为的目的。

5.1.1.1 修改《担保法》，规范地方政府债券担保形式

根据《2009 年地方政府债券预算管理办法》中较为模糊的规定，中国地方政府债券拥有来自中央财政和地方财政的双重担保。根据 1995 年颁布的《担保法》，任何国家政府机构，除国务院特批外，都不可充当担保人。但实际上，中国地方政府出于推动地方经济发展的需要，长期为各种地方建设项目充当担保人，为地方企业向银行贷款提供担保或变相担保，由此积累了巨大的担保债务数额。根据国务院发展研究中心的统计，在我国已有的地方债务中，大部分债务都经由地方政府直接或间接担保。地方政府债券的性质决定了发行地方政府债券应主要以地方政府信用为担保。出于整理原有地方政府担保债务的需要，应修改《担保法》相关规定，明确地方政府进行担保行为的原则与规范，为规范地方政府债券信用担保形式提供必要的法律依据。在强调地方政府作为发行主体需要承担的主要担保责任外，还应建立起金融保险制度，通过多重信用担保分散地方政府债券的信用风险。

5.1.1.2 颁布新法规，全面规范发行审批制度

中国地方政府债券发行审批制度的相关法律应逐步形成一个互相支撑、互相配合的有机整体[154]。要构造一个这样全面和协调的法律体系，只是修改《预算法》和《担保法》是不够的，还应引入和颁布新的法律规章，以适应地方政府债券发行市场发展的客观需要。根据立法学原理，只有法律与经济基础及其上层建筑之间处于和谐、有序的状态，法律才能有效地发挥作用[155]。目前，中国地方政府债券发行管理还缺乏对应的法规——《地方政府债券法》，而在《地方政府债券法》确立之前，对于政府债务管理更为重要

的《公债法》或《国债法》也处于空白阶段。因此，为了使地方政府债券发行审批的各个环节在实践中都可以做到有法可依，需要从多个层面完善和建立中国地方政府债券法律制度体系，对于地方政府债券的发行主体资格、使用范围、具体程序等重要因素都作出明确规定。

5.1.2 地方政府债券发行审批制度、审批规则的完善

中国地方政府债券发行管理制度是分税制改革进程中的产物，其制度变迁形式具有典型的局部制度变迁特征。分税制改革止步于省、市级财政体制改革的现状影响了地方政府债券发行审批制度的适用范围和规则设定[156]。但随着地方政府债券发行市场自身的深入发展，发行市场上各主要参与方都产生了推动地方政府债券发行审批制度进一步完善的动力。现行的地方政府债券发行审批制度在发行主体资格认证、债券信息披露和监管机构设置等方面都缺少可以依据的具体规定。这些关键规则的缺失将长期困扰和阻碍中国地方政府债券发行市场的发展，因此，有必要讨论以上制度安排的改进与完善。

5.1.2.1 明确发行主体资格

地方政府债券审批制度的完善应从发行主体的资格认证开始。从理论上来讲，地方政府应具有一定的财政自主权。当辖区内公共产品的生产出现资金匮乏的问题时，无论地方政府的级次高低，只要符合发行公债的基本条件，都可以通过发行地方政府债券进行融资。如果仅允许高层级的地方政府发行公债，那么其所属的下级政府只能通过转贷的方式获取资金。正如中国于 1998 年开始实施的国债转贷，即由中央财政部作为国债的发行人，将增发国债所募集的资金通过转贷的形式，再分配给不同的省级地方政府使用。这种公债发行方式，其发行主体与偿还主体不对应，导致资金使用效率较低，并且难以监管。按照财政分权理论，各级地方政府都可以成为地方政府债券的发行主体，而不应局限于某一较高级次之内。美国各级地方政府，诸如州、县、市、乡镇、学区、特别区及其授权机构，都具有地方政府债券的自主发行权。日本的地方政府虽并不具备完全的自主发行权，但都、道、府、县、市、町、村等各级地方政府，都具有发行地方政府债券的主体资格[157]。由此，中国也应考虑将地方政府债券的发行权赋予省（自治区、直辖

市)、市、县、乡,使各级地方政府都获得应有的发债权。

在明确各级地方政府发债主体资格的基础上,还需要设置一整套审查细则以规范地方政府和中央政府对地方政府债券发行计划的审查工作。地方政府审查需要制定的细则包括:投资项目是否属于允许范围之内、项目相关文件是否真实无误、发行额与投资资金需求是否相符、公债期限能否与项目周期相吻合、发行方式的选择是否恰当等。而中央政府在审查地方政府提交的初步发行计划和相关材料时,还需要通盘考虑各个地方政府的经济发展、财政收支和债务管理状况,以确定发行总额和相应的分配方案。对于这些细则的优化方案将在之后的章节中予以详细论述。

5.1.2.2　建立信息披露制度

中国证券市场已经初步建立了以《证券法》为主体、其他债券信息披露操作细则为辅的债券信息披露制度体系。由于中国地方政府债券发行时间较短,针对地方政府债券信息披露的规定仍处于空白状态。充分发展地方政府债券发行市场,需要逐步建立起符合最低标准的信息披露制度,以缓解发行市场上普遍存在的信息不对称问题[158]。在美国的市政债券市场上,虽然《联邦证券法》并没有直接要求市政债券发行方在发行地方政府债券时进行信息披露,但出于满足投资者需要的目的和美联储介入的压力,政府财务协会于1976年制定了《州政府和地方政府债券信息披露准则》,此准则成为市政债券信息披露的行业标准并数次修订。而美国债券交易委员会于1989年颁布了15c2－12规则,该规则要求发行额在100万美元以上的市政债券承销商在投标、购买和销售之前都必须获得和审查发行方的官方陈述。最初的15c2－12规则要求承销商在获得初步官方陈述后,应将其传递于投资者;新发布的15c2－12规则要求承销商必须核查官方陈述的准确性与完整性。一份完整的官方陈述应包括以下内容:①债券发行描述,如发行目的、融资计划、偿还担保、偿债来源、偿还优先权等;②信用等级和增级程度;③发行方基本信息;④发行方未偿付债务;⑤发行参与者之间的协议等。

中国地方财政在1999年预算改革后,透明度已有较为明显的提高,中国地方政府债券可以依据已有的证券市场信息披露制度,建立符合自身基本情况的信息披露制度。具体步骤包括:首先,制定地方政府债券信息披露准则,明确地方政府债券信息披露的具体内容;其次,建立地方政府财政状况持续披露制度,对于影响地方政府债券偿还的重要事件,必须及时和准确地予以披露;最后,应落实信息披露的责任追究制度,对于信息披露违法行为进行重点查处,以期建立高效的责任追究机制。

5.1.2.3　构建监管机构体系

根据国外地方政府债券发行审批监管经验,为了保障监管权力的有效行使,需要设立多个具有独立职能的监管机构,各个机构之间形成相互制约又分工清晰的监管体系[158]。按照中国政治和财政体制框架,地方政府债券的监管机构组成应来自于中央政府、地方人大和社会中介机构。

中国采取单一制政体,上级政府对于下级政府的债务负有偿还责任。在预算软约束的情况下,地方政府往往过度举债。中央政府出于防范财政风险的需要,必须对地方政府发行公债加以监管。中央政府需要建立中央级的地方政府债券专门监管机构,对地方政府债券的审批、发行、流通与偿还加以审查和监督。而对于地方政府债券发行市场的监管工作,应该交给具有一定债券监管经验的证监会负责。但考虑到地方政府债券的特殊性,可以在证监会下设立地方政府债券监督部,相当于美国市场监管部的市政债券办公室,对地方政府债券发行市场的进行全面监管。

根据宪法规定,我国各级人民代表大会均负有审查和批准辖区内经济发展计划、政府预算和执行情况的职责与权力。根据《2009 年地方政府债券预算管理办法》中的明确规定,地方政府债券发行前,其收支应纳入本级地方政府预算,接受地方人大的监管。但实际工作中,地方人大获取地方政府债券发行信息的途径有限,与发行方——地方政府之间存在较为严重的信息不对称问题。仅依靠预算监督,地方人大难以有效监管地方政府债券的发行和资金使用。为了加强地方人大对于地方政府债券发行的监督,需要规定地方财政部门在向人大提交预算草案的同时,还需一并提交一份详细的地方政府债券发行计划,明确列出地方政府债券的发行数额、发行方式,以及所募资金的使用方向等重要信息,以便地方人大审议[172]。

在美、日等国,在地方政府债券发行审批过程中,一些社会中介机构也会起到监督或辅助监督的作用,具体包括律师事务所、证券公司、会计师事务所和信用评级机构等。这些中介机构具有专业优势,其所出具的专业化分析报告可以提高地方政府债券的发行审批效率,同时降低监管成本。就中国证券市场发展状况而言,中介机构还难以充分发挥对地方政府债券发行审批的监管效用。因此,对于地方政府债券发行市场中的中介机构,政府应有效引导其不断推进管理的规范化和法制化进程,对于违规行为加以严惩,使中介机构确实可以起到对地方政府债券发行主体进行监督和约束的作用。

5.2 地方政府债券发行审批管理细则的改良

中国地方政府债券发行管理制度产生于金融危机这一特殊时期,是中央政府主导的强制性制度变迁,以确保这一新的地方财政管理制度得以迅速确立并顺利推行。但也正是因为时间仓促,中央政府在制度设计时设定了许多过于简单和僵化的审批细则,具体表现在每年2000亿的总量限定、只有三种期限的债券期限结构限定、与国债利率直接挂钩的利率水平限定和局限于凭证式债券的债券品种限定。以上细则的制定并没有建立在对中国金融市场细致考察的基础之上,也没有经过必要的经济学理论分析。这些制度安排只有利于财政部审批工作的快速顺利进行,完全忽视了地方政府和投资者的制度需求,因此,有必要进行进一步的改良优化。本章将从合理规划发行规模、逐步丰富期限结构、引导发行利率市场化和适当增加债券品种4个方面提出对中国地方政府债券发行审批相关细则的修改意见。

5.2.1 发行规模的合理规划

对于中国地方政府债券发行审批细则的改进,应从发行规模的确定开始,每年2000亿元的总量限定以及偏向中西部地区的份额分配原则都具有过于浓重的行政干预色彩,显然没有考虑到各个地方政府对地方政府债券的实际需求和承受能力[173]。正如前文所分析的,地方政府债券的发行既可以对地区经济增长起到积极作用,也可以起到消极作用。那么地方政府债券的规模作为影响其效用发挥的主要因素,应当存在一个合理规模,即地方政府债券规模在一定限度内,赤字财政表现为传统的凯恩斯效应;当地方政府债券规模超出了一定限度,则赤字财政表现为反凯恩斯效应[159]。本章将在戴蒙德的世代交替模型的基础上,探讨决定地方政府债券规模的内在影响因素,以此作为地方政府制订初步发行计划和中央政府制订总体发行规模的理论依据。

关于决定地方政府债券规模的内在影响因素,我们假定一个地区经济社会由个人、地方政府和企业三类主体构成，其中，中央政府在该模型中以外生变量引入。此外，假定个人生命分为年轻和老年两个时期，对个人而言，在年轻时期进行工作，以获得收入进行消费和储蓄，在老年期只是消费，没有储蓄增加。同时，为保持模型简化，进一步假定人口总数不变，这不失一般性。则社会各参与主体的效用函数如下：

(1)个人

假定个人在年轻时期的消费为 C_t^y，在老年时期的消费为 C_t^0，则对于个人而言，其一生的消费效用函数为：

$$U_t = \ln(C_t^y) + \eta\ln(C_t^0) \tag{5-1}$$

其中，$\eta > 0$，η 代表个人老年时期相对于年轻时期的消费权重。

同时，假设没有初始财富，则个人面临的预算约束为：

$$C_t^y + \frac{C_{t+1}^0}{1+\rho} = (1-\tau_t)W_tA_t \tag{5-2}$$

其中，ρ 为贴现因子，W_t 为个人在 t 时期的工资收入，A_t 为社会知识水平。则若使个人一生效用最大化，即使式(5-1)达到最大值，则由式(5-2)的欧拉方程可得

$$\frac{C_{t+1}^0}{C_t^y} = \eta(1+\rho) \tag{5-3}$$

则由式(5-1)、式(5-2)和式(5-3)可得

$$C_t^y = \frac{1-\tau_t}{1+\eta}W_tA_t$$

同时，可得

$$S_t^y = (1-\tau_t)W_tA_t - \frac{1-\tau_t}{1+\eta}W_tA_t = \frac{\eta}{1+\eta}(1-\tau_t)W_tA_t \tag{5-4}$$

(2)企业

假定在完全竞争市场条件下，企业生产遵循基本的 CD 生产函数，产出函数中的变量主要包括资本、人力和社会知识水平。基于内生增长模型可知，不同类型的资本对经济产出的弹性是不同的，因此，本书在此假定将资本分类为政府投入的公共资本 G_t 和私人资本 K_t 两大类，二者线性组合，并且其各自的产出弹性分别为 α 和 β，则企业的产出函数为

$$Y_t = G_t^\alpha K_t^\beta (A_tL)^{1-\alpha-\beta}$$

进行人均化后，可得 $y_t = \left(\frac{G_t}{A_tL}\right)^{\alpha}\left(\frac{K_t}{A_tL}\right)^{\beta} = g_t^{\alpha}k_t^{\beta}$，在完全竞争市场条件下，不管是全国性还是地区性经济体，其市场利率成本取决于私人资本的边际产出水平，故

$$r_t = \frac{\partial y_t}{\partial k_t} = \beta g_t^{\alpha}k_t^{\beta-1} \tag{5-5}$$

则企业员工的税前工资收入为

$$w_t = \mathrm{y}_t - \mathrm{r}_t \cdot k_t = (1-\beta)g_t^{\alpha}k_t^{\beta} \tag{5-6}$$

（3）地方政府

对于地方政府来说，其每年的收入来源主要包括自身的税费收入 T_t、中央对地方的转移支付收入 $\mathrm{TR_t}$ 和当年对外举债的债务收入 ΔD_t，支出为其当年的政府支出 G_t。其中，中央对地方的转移支付收入 $\mathrm{TR_t}$ 的大小主要取决于地方自身财力缺口的大小以及中央对地方的援助意愿的高低。因此，本书设定 $\mathrm{TR_t} = \delta|G_t - T_t|$，其中 δ 代表中央愿意对地方的援助意愿力度，$0 < \delta < 1$ 表示中央政府仅仅对地方财政缺口给予部分援助；$\delta = 1$ 表示中央政府完全承担地方财政缺口；$\delta > 1$ 则表示中央政府不仅完全承担地方政府当期的财政缺口，而且还代地方政府偿还部分债务。此外，对于地方政府来说，当年度新增的债务不仅要满足于当年度财政支出需求，同时至少还要满足还旧债本息，故 $\Delta D_t = D_{t+1} - (1 + r_t)D_t$。此外，对于债务可持续性考虑，地方政府债务更在意的是当期累积的债务规模，当期累积债务规模不仅代表地方政府未来偿债压力的大小，同时也是地方政府未来举借债务的重要考量，因此，本书以 D_t 代表地方政府当期债务累积规模。

在现有的制度环境中，为满足非蓬齐条件，确保政府债务的永续存在，地方政府每期所面临的财政预算约束必须满足以下条件

$$D_{t+1} = (1 + r_t)D_t + G_t - T_t - \delta|G_t - T_t| \tag{5-7}$$

即地方政府下一期举债后的累积债务规模主要依据当期的财政收支状况和当期累积债务规模的大小。

同时，假设地方经济产出最终会转化为居民收入和储蓄，地区均采取年终征税的方式，则 $T_t = \tau_t(W_tA_t + r_tS_t)N_t$，其中，$N_t$ 为地区人口数。再令 $G_t = \varphi T_t$，其中 φ 表示地方政府财政支出的保障比率。因为政府的税收不仅要满足于当年的政府支出，还要偿还当年可能到期的债务本金，因此 φ 值

一般来说都是小于1。在实行平衡预算时，$\varphi = 1$；在实行赤字预算时，$\varphi < 1$。由以上可得

$$D_{t+1} = (1 + r_t)D_t + (1 + \delta)(\varphi - 1)T_t = (1 + r_t)D_t + \tau_t(1 + \delta)(\varphi - 1)(W_tA_t + r_tS_t)N_t \quad (5-8)$$

(4)市场均衡分析

当全国市场和地区经济市场同时达到稳态时，地区市场利率水平等于全国性市场利率水平，并且任何地区劳动市场和资本市场都是均衡的，则有 $L_t = N_t$，并且由于全国资本市场处处均衡，地方资本市场必须满足

$$S_tN_t = K_{t+1} + D_{t+1} \quad (5-9)$$

这样才能确保地方政府在资本市场上举借债务成功。同时，由于地区经济达到稳态，则对于地区经济来说，必然令有：$\frac{K_{t+1}}{K_t} = \frac{G_{t+1}}{G_t} = \frac{D_{t+1}}{D_t} = \frac{Y_{t+1}}{Y_t} = 1 + \mu$，即在地区经济达到稳态时，地方债务增长率与地区经济增长率和各类型资本增长率相等。因为这样才能保证地方债务的可持续性；同时，各类资本的增长率与债务增长率相等，以保证地区债务市场和资本市场资金供需的均衡。

同时假定地方的税率保持不变，即 $\tau_{t+1} = \tau_t = \tau$，同时在稳态之后公共资本和私人资本增长率保持不变，即 $g_{t+1} = g_t = g$，$k_{t+1} = k_t = k$；令政府人均累积债务水平 $d_t = \frac{B_t}{LA_t}$，在稳态后其增长率保持不变，即 $d_{t+1} = d_t = d$；同时令市场利率水平和工资水平不变，即 $r_{t+1} = r_t = r$，$w_{t+1} = w_t = w$。

则式(5－8)可变为

$$\frac{D_{t+1}}{D_t} = 1 + \mu = 1 + r_t + \tau(1 + \delta)(\varphi - 1)\left[\frac{w_tA_t}{D_t} + \frac{r_tS_t}{D_t}\right] \quad (5-10)$$

由此可得：

$$d_t = \frac{1 + \eta + r\eta(1 - \tau)}{(1 + \eta)(\mu - r)} \cdot w_t \cdot \tau(1 + \delta)(\varphi - 1) \quad (5-11)$$

由式(5－11)可以看出均衡时期地方政府债券总体规模主要取决于个人老年消费对年轻消费的相对权重 η、税率水平 τ、地方政府实行赤字预算规模程度 φ，这些因素与地方政府的最优债券总体规模成正比。这是因为老年时期消费越高，需要政府在个人年轻时期更多举借债务以满足未来公

众的服务需求；政府赤字预算程度 φ 越大，政府债券融资规模就越大。而地方政府债券规模与中央对地方的转移支付援助意愿 δ 成反比，因为中央援助意愿越大，地方举债融资就越小。同时，地区经济增长速度 μ 越高，地方政府有更强的税收财力来支持本地政府支出，其政府债券规模当然越小。此外，最优债券规模还与地区工资水平 w_t 和市场利率水平 r_t 息息相关，其实质是与地区经济增长效率息息相关，经济增长率的提高意味着地方政府可以发行更多的地方政府债券。

在中央财政为地方政府债券提供完全担保时，地方政府债券的发行总额取决于中央财政的承受能力。当中央财政担保退出，地方政府成为完全意义上的发行主体后，以上论证证明，此时确定地方政府债券发行规模的主要因素在于地方自身的经济、财政因素，以及中央政府对地方财政的支持程度。以此作为参考，当地方政府债券发行市场逐步扩大时，审核各个地方政府债券规模的主要依据应为当地地方政府自身的信用水平，而中国的实际情况是地方政府信用水平从东向西依次递减。因此，西部和中部省份占有较多发行份额的限定，有必要根据每年各个地方经济和财政状况的实际情况加以调整，以适应地方政府债券发行市场发展的需要。

5.2.2 期限结构的多元化

地方政府债券期限结构是指各种地方政府债券的原始期限或剩余期限的构成情况。地方政府债券期限结构问题与地方政府债券规模问题可以被认为是一个问题的两个方面[160]，债券规模的扩大需要债券结构的优化，而债券结构的优化又为债券规模的扩大提供了必要的空间。另外，由于地方政府债券是一种地方政府融资工具的同时，也是一种金融交易品种[161]。因此，地方政府债券期限结构的合理化对缓解和释放财政风险以及促进金融市场发展都有着重要的影响。

5.2.2.1 地方政府债券期限结构优化的目标

实现地方政府债券结构的优化，主要实现以下四个目标：

一是降低地方政府债券发行成本[162]。地方政府债券发行的成本主要来自于两个方面：一方面是地方政府债券发行的固定支出，包括手续费、托管费和兑付费等；另一方面是地方财政因占用社会资金而支付的利息成本。

固定支出在总的地方政府债券发行成本中所占比例较小，而且其支出多少主要取决于地方政府债券发行技术的选择和运用，关于这方面的问题将在本书的第七章详细讨论。目前对地方政府债券利息成本产生直接影响的是发行时国债市场的收益率水平。中国地方政府债券都是通过招标方式确定票面利率，而投标人的投标标位区间被限定为招标日前1至5个工作日（含第1个和第5个工作日）中国债券信息网公布的中债银行间固定利率国债收益率曲线中，待偿期为3年的国债收益率算数平均值上下各浮动15%。由此，同期国债的收益率将直接影响地方政府债券的发行成本，放松地方政府债券发行利率参照同期国债利率的限制规定，将有助于发行方根据金融市场变化及时调整发行计划，以保证降低成本顺利融资。

二是满足投资人建立收益率曲线的需要。无论是机构投资者还是一般投资者，收益率曲线都是其进行金融市场债券投资时主要参考的一个重要指标。在发行市场上，投资者通过观察收益率曲线，可以预测地方政府债券的发行投标利率，进而根据自身投资需要选择合适的债券投资券种。因此，如果中国地方政府债券可以形成一条具有丰富期限结构、具有代表性并相对完整的收益率曲线，将有助于吸引更多的投资者进入地方政府债券发行市场，从而保证发行市场的稳定运行[163]。此外，对于地方政府债券的发行方而言，收益率曲线显示了地方政府债券市场上不同期限地方政府债券的合理收益率水平，这对于发行方制订发行计划具有较高的参考价值。

三是均衡地方政府偿债负担，避免偿债高峰。设计将发行的地方政府债券期限时，需要考虑到地方政府已有的债务的期限结构，避免在某一时间段内地方财政出现债务支出的高峰。金融危机时期，中国中央政府放松了对地方融资平台的管控，致使省、市、县三级地方政府在2010年年底总共积累债务达10.7万亿元。由于地方债务的偿还期限相近，地方财政面临偿债高峰。2012年需偿还总量的17.17%，2013年为11.37%，2014年为9.28%。偿债高峰的出现，显示出地方政府在债务管理方面能力有限。地方政府债券作为一种新的地方融资模式，在起步阶段应尽量丰富自身的期限结构，便于地方政府根据已有的债务期限结构，合理安排新发行地方政府债券的期限。

四是匹配资金用途，减少发行成本。地方政府债券所募集资金的使用方向一般包括弥补财政收支缺口、投资基础设施建设和偿还到期债务3种。

用于弥补地方政府财政收支缺口的地方政府债券，其期限结构应以短期为主。这是因为财政收支缺口的发生一般均处于一个预算年度之内，及时融资并偿还，可以避免对以后的财政预算平衡造成长时间的影响。用于筹集建设资金的地方政府债券，应根据具体项目的建设周期而定。通常基础设施建设周期长，为其募集资金的地方政府债券也应匹配以较长的偿还周期。在建设周期内，多次发行地方政府债券会导致地方政府融资成本的上升。为偿还到期债务所发行的地方政府债券，应以短期地方政府债券为主，尽量提高融资效率，防止地方政府违约情况的发生。

5.2.2.2 中国地方政府债券期限结构的丰富

第一，发行长期地方政府债券，避免偿债高峰。2008 年金融危机爆发后，中央政府出于刺激经济增长的目的，鼓励地方政府充分利用融资平台获取建设资金。随后，地方债务规模迅速扩张。在进行债务融资时，各种融资平台均倾向以 3 年和 5 年为偿还期限，这导致了地方债务偿债高峰的出现。为了缓解偿债高峰问题，中国中央政府推出地方债置换计划，减少在这一期间的地方政府债券的偿还总量。从长期看，解决偿债高峰问题最为合适的办法就是发行长期地方政府债券，以期在较长的时间跨度上随着地方财力的不断提高逐渐消化、降低现有的地方政府债券规模。

第二，增加关键期限地方政府债券的发行，促进中国地方政府债券合理收益率曲线的形成。最初中国地方政府债券发行时间较短，财政部只安排了 3 种期限品种。因此，中国地方政府债券发行市场始终难以形成一条具有代表性的为投资者普遍认可的地方政府债券收益率曲线。构造完整的地方政府债券收益率曲线，需要财政部增加关键期限的地方政府债券品种：需根据国债发行经验，引入一年期并扩大十年期地方政府债券的发行量。根据地方政府需求和债券市场的实际情况，发行一定量的 3 个月、半年和 20 年地方政府债券，从而形成连续稳定的地方政府债券收益率曲线。

第三，根据地方政府债券发行市场上不同种类投资者的偏好，合理设计地方政府债券期限结构[164]。地方政府债券发行市场上不同投资者之间在风险偏好方面存在差异，这意味着不同投资者对于地方政府债券期限的偏好也存在不同之处。从已有的国际经验来看，机构投资者中，营利性机构具有较高风险偏好，倾向于购买中、短期地方政府债券；而非营利性机构出于降低风险的目的而偏好长期地方政府债券；一般投资者则受限于风险承受能力和投资管理水平而偏好中期地方政府债券。在发行地方政府债券时，需要考虑多种投资者需求，增加长期地方政府债券和短期地方政府债券的品种和发行量。

第四，为适应长期投资项目需要，延长地方政府债券期限。近年来，中国在地方层面推动积极财政政策，主要通过基础设施建设，其中以交通、水利、电力设施建设为主。以上设施建设具有建设周期和回报周期较长的基本特征。为了使地方政府债券偿还期限与资金使用时间相吻合，中国应更多地发行期限较长的地方政府债券，以此控制地方政府债券的发行次数，降低地方政府债券的发行成本。

5.2.3 发行利率定价的市场化

依据利率决定理论，决定地方政府债券发行利率水平的因素是多方面的，但目前中国地方政府债券在进行利率定价时，根据规则设定，同期限国债利率水平所起到的影响作用过大，忽视了其他市场因素的影响作用，定价不合理的地方政府债券会导致投资者远离发行市场。因此，在确定地方政府债券发行利率时，需要充分分析和研究与地方政府债券发行利率相关的外在和内在因素。从地方政府债券所处的宏观背景来看，除国债利率水平外，资金供求状况和通货膨胀率对地方政府债券的发行利率水平也具有一定的影响作用；而从地方政府债券发行本身的特征和要素来看，地方政府债券信用风险、流动性风险也会对地方政府债券发行利率水平产生影响。

5.2.3.1 影响地方政府债券发行利率的市场因素

中国地方政府债券的发行方在确定地方政府债券发行利率时，需要综合考虑当时的地方国债利率水平、市场资金供求状况和通货膨胀率等重要因素[165]。

首先，同期限国债利率是确定地方政府债券发行利率的基础。在债券市场中，国债利率一直被视为基准利率。根据相关规定，地方政府债券发行利率的确定必须参照同期国债的市场利率。投资者在购买地方政府债券时，也会参考同期的国债利率。如果地方政府债券的发行利率远高于基准利率，虽然可以吸引投资者迅速募集资金，但地方政府将付出较高的融资成本；当发行利率远低于基准利率时，地方政府债券难以与国债、企业债等其他债券相竞争，这将影响地方政府实现资金募集计划，延缓公共设施建设进度。

其次，市场资金的供求状况是确定地方政府债券发行利率的主要参考因素。在债券市场中，投资者与发行方之间的讨价还价将决定地方政府债券的发行利率。作为资金的供给方，投资者根据自身偏好，将资金投向符合条件的地方政府债券；而发行方作为资金的需求方，则提供不同品种的地方政府债券以获取资金。当市场资金的供给与需求达到平衡时，将产生均衡的地方政府债券发行利率[166]。发行方作为地方政府债券的管理者，在确定发行利率时，应对发行期间的债券市场资金供求状况加以详细调查。在资金供给充沛，并且其他债券发行量较少时，可以适当降低地方政府债券发行利率以节约发行成本；当市场资金争夺激烈时，则需相应地提高发行利率以保障地方政府债券的足额发行。

最后，通货膨胀率是确定地方政府债券发行利率的必要因素。通货膨胀率将影响地方政府债券的实际价值，在高通胀状态下，地方政府债券作为一种有价证券也会发生相应的贬值。当地方政府债券利率低于通货膨胀率时，投资地方政府债券意味着资金的损失。在这种情况下，投资者将放弃投资地方政府债券，选择其他收益率较高的投资方式。因此，发行方为了顺利募集资金，需要将地方政府债券的发行利率保持在通货膨胀率之上，并且还需要观察其他债券品种对通货膨胀率上升时的反应，以确保地方政府债券在债券市场上的竞争力。

5.2.3.2 影响地方政府债券发行利率的自身因素

地方政府债券与国债相比，在信用水平和流动性两方面存在一定的区别，这些区别应在发行利率中有所体现。此外，发行时间的不同意味着金融市场环境的不同，最终确定发行利率时也应考虑这一因素。

第一，地方政府债券的信用水平一般低于国债的信用水平。分税制改革后，中央财政收支状况优于大多数地方政府的财政收支状况，因此地方政府债券的信用水平一般低于国债的信用水平。就债券市场的常态而言，债券的信用等级越高，利率水平就越低。不过信用水平对于地方政府债券发行利率的影响还需结合宏观经济走势作出判断。当投资者认为未来经济将持续稳定增长时，出于获取更多收益的目的，会增加低信用等级债券的持有比例，由此信用等级导致的利率水平差距将会缩小；当投资者认为经济增长将放缓时，就会出于规避风险的目的而减少对低信用水平债券的投资，由此信用等级导致的利率水平差距将会扩大。

第二，地方政府债券与国债相比，二级市场的流动性低。由于国债是中央银行实施货币政策的主要手段，也是公开市场业务操作的主要工具，二级市场交易十分活跃，流动性较强。而地方政府债券与国债相比，不具备以上的重要作用，再加上本身信息披露制度不健全和信息流通渠道狭窄，二级市场的流动性很低。这意味着地方政府债券与同期国债相比，流动性风险较高。因此，在地方政府债券的发行利率中需要包含一定的风险溢价。

6 中国地方政府债券信用评级制度分析

信用评级是指由独立的评级机构，通过运用科学的指标体系和评级方法，在规范化的程序下，根据评级对象在特定时间或条件下履行其经济责任的能力和意愿的调查结果所作出的综合评价，并通过简明、直观的等级符号加以表达[167]。标准化的信用评级起源于1809年穆迪评价公司对铁路债券的信用评级，而后逐渐扩展到公司债券、国债、地方政府债券等多个领域[168]。目前，中国中央政府通过财政部代为发行和偿还地方政府债券的形式，对部分地方政府债券提供了信用担保，这导致以地方政府财政状况为依据进行的信用评级，对于投资者而言，参考意义不大。但正如前文所述，地方政府债券发行市场上三个主要参与方之间存在扩大发行市场规模和丰富市场结构的共识。随着中央审批制度的逐步放松，中央财政没有理由也没有能力继续为地方政府债券提供信用担保。在这种情况下，地方政府债券的信用管理需要引入信用评级制度，以客观评价不同地区地方政府债券的信用水平。本章将从地方政府债券信用评级的经济意义、基本程序、评级指标体系和具体建议4个主要方面探讨如何建立严谨有效的中国地方政府债券信用评级制度。

6.1 地方政府债券信用评级的经济意义

建立中国地方政府债券信用评级制度，首先应讨论地方政府债券发行市场上主要参与方对于该制度的需求所在，以明确建立信用评级制度的基本原则。地方政府债券发行市场中客观存在信息不对称现象，地方政府债券信用风险所需的高信息成本由此成为制约地方政府债券发行市场发展的主要阻碍之一。降低信息成本需要政府、行业和社会合力治理，而信用评级制度就是来自于社会的、最为重要的监督制度。信用评级可以起到搜集地方政府信息、度量风险，从而缓解信息不对称现象，引导资金流向的作用[169]。信用评级制度是解决地方政府债券发行市场信息不对称问题的重要制度安排，这一制度安排对于发行市场上主要的参与方都具有一定的积极经济意义。

6.1.1 信用评级对于投资者的意义

从已有的国际经验来看，投资者是地方政府债券发行市场上信息的主要使用者。对于投资者而言，信用评级制度可以在提供风险提示、降低投资成本、优化投资组合等方面对其予以帮助。

其一，投资者可以通过信用评级获取风险提示。信用评级机构在为新发行的地方政府债券提供信用评级报告时，将以简洁的符号反映地方政府债券的基本信用状况。投资者可以根据地方政府债券的信用等级了解其信用风险水平[170]。一般来讲，无论债券期限长短，同样年限下的债券信用等级与其违约率成反比。由于信用评级机构的专业化和独立性，其对地方政府债券信用风险的提示作用是其他金融机构难以取代的。

其二，投资者可以利用信用评级降低信息成本。在发行市场上，相较于投资者，发行方对于地方政府债券的实际价值更为了解，发行方在发行过程中会尽量选择有利于自己的信息披露形式。投资者要获取地方政府债券的真实信息，需要进行一系列的调查研究工作，从而产生高额的信息成本。专业的信用评级机构可以利用和整合各个领域中的专业人才和信息资源，为投资者提供专业的信用分析服务，这将有效降低投资者的信息成本。

其三，投资者可以根据信用评级优化自身投资组合。为了控制机构投资者的投资风险，许多监管部门都规定了机构投资者所购买的债券的信用级别底线。而一般投资者也可以在信用评级机构公布地方政府债券信用等级之后，根据自身风险偏好和投资目标，对投资组合中地方政府债券所占的比例和组成加以调整。

6.1.2 信用评级对于地方政府的意义

地方政府债券的发行方——地方政府，即使占有充分的信息优势，在发行债券时也需要信用评级的帮助，以获取有利于发行的资信证明，达到降低融资成本、提高债券管理水平的作用。

其一，地方政府通过信用评级获取资信证明。随着中国地方政府债券发行管理制度的改革，地方政府作为地方政府债券发行主体的地位将得到实际的加强，这意味着各个地方政府需要在发行市场上更多地依靠自身信用展开竞争，为投资者提供一个客观、简洁、公正的信用等级证明，以利于在金融市场上提高融资成功的可能性。

其二，信用评级可以降低地方政府的融资成本。来自于独立信用评级机构的信用等级评估可以帮助地方政府降低融资成本。地方政府债券的发行利率一般是在无风险利率的基础上，加上一个投资者认可的违约风险利率，对于违约风险利率的确定往往要参考债券的信用评级结果。地方政府债券信用等级的高低与违约风险溢价的高低成反比。由于地方政府债券发行利率与信用评级等级的正向相关关系，发行方有必要积极获取较高的信用等级，以有效降低自身的融资资本。

其三，信用评级可以推动地方政府提高债券管理水平。信用评级对发行方的实际帮助越大，其对发行方披露债券管理状况的要求就越高。信用评级报告的公开，意味着地方政府债券管理的大量相关信息将公之于众，投资者和管理部门都将对这些信息加以分析。地方政府应根据信用评级报告改进自身债券管理缺陷，为以后发行的地方政府债券获得更高的信用等级。

6.1.3 信用评级对于中央政府的作用

中央政府作为地方政府债券发行市场的管理者，一直抱有以较低成本有效监管地方政府债券发行过程的期望，信用评级有助于中央政府实现这一期望。

其一，中央政府可以依靠信用评级机构降低监管所需的信息成本。中央政府在审批和管理地方政府债券发行时，处于多对一的劣势地位。地方政府债券发行主体的增多和规模的扩大,将加大中央政府的监管成本。专业信用评级机构对于地方政府债券所作出的评级分析,将大大减少中央政府监管部门的工作压力,降低监管成本。

其二,中央政府可以根据信用评级确定地方政府发债资格。在信息不对称的情况下,地方政府对于自己发行的地方政府债券信用水平具有“现场优势”,中央政府往往难以全面和细致地了解资金使用和项目回报的实际状况,甚至对于发行主体——地方政府本身的财政状况也缺乏必要和准确的信息。利用信用评级机构评级报告中的一些重要观点,监管部门可以拒绝一些地方政府的发行请求或是要求修改发行计划,以阻止部分偿还风险较大的地方政府债券进入发行市场,保障投资者的利益和降低发行市场的整体风险水平。

在充分了解地方政府债券信用评级制度经济意义的基础上,可以总结出各个参与方对信用评级制度共有的制度期望,首先,评级机构所公布的评级结果应简洁明了,使发行市场上各个参与方可以通过对信用评级符号的观察,将发行的地方政府债券进行价值判断和风险分析;其次,在信用评级机构较多的情况下,各个机构所使用的信用符号体系应具有一定的可比性,当同一时期不同评级机构的评级结果基本一致时,评级结果才具有较高的参考价值;再次,地方政府债券的信用评级应从多个角度加以分析,除了发行方自身的财政收支和债券管理状况外,整个辖区内的经济发展状况也应充分考虑,并在评级结果中得以体现;最后,评级机构应具有一定的独立性,其与各参与方,特别是政府部门,不应有除信用评级之外其他的业务往来,其评级过程应始终遵循客观与公正的基本原则。

6.2 地方政府债券信用评级的基本程序

为了确定地方政府债券的信用等级,信用评级机构需要在规范和严格的信用评级程序下进行信用评级的调研和分析。本章将首先介绍国外地方政府债券信用评级程序的基本步骤,之后在结合中国已有信用评级程序的基础上,提出具体的中国地方政府债券信用评级程序。

6.2.1 国外地方政府债券信用评级程序借鉴

国外地方政府债券信用评级由来已久,各个信用评级机构大多都已经形成了一套完整和稳定的信用评级程序。通过研究国外主要信用评级机构对地方政府债券信用评级的基本程序,可以更好地了解信用评级过程,为构建中国地方政府信用评级的标准程序积累经验。本章将重点介绍穆迪和惠誉两家主要信用评级公司对地方政府公债进行信用评级时所采取的基本程序。

6.2.1.1 穆迪评级程序

穆迪评定地方政府债券信用等级时,注重全盘考虑风险因素和各种观点,其标准程序可以划分为4个步骤。

第一步,搜集信息,初次评级。当申请评级的地方政府债券是初次评级时,穆迪会安排见面会或是电话会议,以向发行方充分介绍穆迪评级的流程和方法。之后,穆迪会安排讨论会,会议上会向发行方详细地了解发行方的地区经济发展情况、基本财政状况、债券管理状况等重要信息。穆迪的分析人员将在与发行人反复交流后,在搜集到的信息的基础上,运用信用评级分析方法确定地方政府债券初步的信用等级,并提交评级委员会。

第二步,评级委员会讨论,确定等级。穆迪在初步分析结束后,会召集对于发行地方政府债券具有相当经验和专业知识的有关人员组成评级委员会。评级委员会的人员数量与发行债券的规模和复杂程度有关。评级委员会组成后,将召开评级会议审议分析小组所作出的评估报告。从首次讨论到公布结果,整个过程需要两到三个月。穆迪对于首次申请评级的地方政府债券给予不公开评级结果的权利。

第三步,公布评级结果。当信用评级委员会确定地方政府债券的信用等级后,穆迪将告知发行人并解释原因。同时,信用评级结果将通过多种渠道予以公开,包括全球主要财经媒体和穆迪的官方网站。

第四步,跟踪评级。在信用评级结果公布后,穆迪仍将与发行方保持联系,通过每年至少一次的会面了解对方的财政收支近况,以对于会影响地方政府债券偿还的突发事件作出及时的反应。

6.2.1.2 惠誉评级程序

惠誉具有细致的评选委员会工作流程和评级准备程序,具体程序可以概括为7个步骤。

第一步,评级的发起。惠誉在接受发行方的申请后,需要根据发行方相关信用信息的可靠程度作出是否对其债权进行评级的决定。如果调查显示所有已公开和未公开的相关信息不足以形成信用评级观点,那么惠誉就不会对该地方政府债券开展信用评级工作。

第二步,组建评级小组。在正式开始评级工作之前,惠誉会召集分析师组成评级分析小组,并指定一名主分析师领导小组进行分析,最终形成一个初始评级意见。分析小组成员往往由多个相关领域的专家共同组成,分析工作依据惠誉制定的标准和方法进行。

第三步,信息收集。惠誉将充分收集来自多种渠道的与发行地方政府债券信用评级相关的各种信息。这些信息来源既包括发行方自己所公开的财政管理信息、上级管理部门所公开的信息报告、来自于第三方机构所公布的分析报告,也包括与信用评级相关的机密信息。惠誉有权利要求查看相关机密信息,但同时也负有保密责任。分析小组可能独立处理以上公开信息,也可能与其他小组进行信息共享以提高评级效率。在必要时,评级小组会与发行方召开评级会议,评级小组在会前将需要了解的信息告知发行方,在会议中和会议后都会进行细致的沟通以确保获取足够的信用评级信息。在信息收集和分析完成后,主分析师将在小组研究结果的基础上形成评级意见,向评级委员会上报结果和支持材料。

第四步,评级委员会审议并定级。评级委员会在接到评级小组的评级结果后,会对其进行审阅并最终确定地方政府债券的信用等级。惠誉规定,评级委员会至少由4人组成,应包括一名高级主管(高级主管一般应在惠誉任职6~7年,或具有丰富的信用评级经验)或更高级别的专家。评级委员会对于主分析师所提交的评级结果与材料进行分析,考察各种定量与定性的影响因素。评级委员会在讨论无异议之后,即可确定地方政府债券的信用等级。当意见无法统一时,则可依据惠誉的申诉流程最终定级。惠誉撰写一份完整分析报告的时间为4~8周,也可以根据实际情况适当延长。

第五步,公布评级结果。在评级结果确定后,惠誉会通知发行人,征询是否公开结果。发行人同意后,惠誉将评级结果公布在惠誉官方网站和主要财经媒体之上。

第六步,评级监测。惠誉在公布评级结果后,会对该结果进行持续监测。但地区经济形势、发行方财政收支状况或其他重要因素发生变化时,惠誉将及时修正地方政府债券的信用等级。

第七步,评级的撤回。惠誉可以自主决定是否撤回一份已公布的信用评级报告。在遵循惠誉自己制定的流程规定的前提下,惠誉可以将缺少后续信息支持或市场兴趣不足的信用报告宣布撤回。

6.2.2 中国地方政府债券信用评级程序设计

目前,中国地方政府债券信用评级仍缺乏一个可依据的规范。本章将在借鉴国外地方政府债券信用评级程序的基础上,根据中国人民银行2006年公布的《信用评级管理指导意见》[171],提出一个七步骤的地方政府债券信用评级程序。

第一步,评级申请受理。作为地方政府债券的发行方,地方政府应主动向信用评级机构提出评级申请,同时提交申请材料。在接到申请材料后,信用评级机构应组织人员评估是否接受信用评级申请。需要考虑的内容包括能否收集到足够的发行方信用信息以支持信用评级,评级机构与发行方是否存在利益相关关系,以保证信用评级遵循“独立、客观、公正”的基本原则。在接受申请后,信用评级机构应与发行方签订一份具有法律效用的信用评级委托合同,明确双方的权利和义务。

第二步,成立评级小组。信用评级机构应首先指定一名评级小组负责人,再由该负责人召集专家以组建评级小组。评级小组人数至少为3人,可根据地方政府债券的发行规模适当增加。考虑到地方政府债券评级可能涉及财政、金融、会计等多个专业领域,小组整体知识结构应多元化,成员之间可以形成知识结构上的互补优势。在评级过程中,小组成员可以根据工作表现和需要进行调整,形成必要的约束机制。评级小组主要负责以下6个方面的工作:①与地方政府洽谈评级工作安排和费用;②搜集评级所需信息,制订调查计划;③召开评级会议;④讨论和撰写评级报告;⑤提交评级报告;⑥继续追踪评级。

第三步,搜集评级信息,完成初步评级。在评级小组组成之后,其成员要开始搜集和调查与地方政府债券相关的具体信息。内容涉及发行方的债券管理状况、财政收支状况、区域经济发展水平,以及相关的法规政策等诸多方面。在信息搜集完成后，评级小组要针对获取的数据进行研究和讨论，根据相应的评级指标体系，确定地方政府债券最初的信用等级。一般而言，这一过程不应少于45个工作日。

第四步，评级委员会审议报告并定级。根据中国证监会2007年颁布的《证券市场资信评级业务管理暂行办法》[172]，评级委员会是确定评级对象信用等级的最高机构。该委员会一般由评级机构的资深人员、高级管理人员和高级分析师组成。评级委员会在收到信用评级小组的初评报告后，将进行审查。在定期召开的评级委员会会议上，听取评级项目小组负责人的汇报，并质询和发表意见。在每个委员都发言完毕后，主任委员将决定是否就地方政府债券信用等级进行投票表决。当2/3的与会委员表示同意之后，信用等级则可确定。评级小组负责将评级结果告知作为发行方的地方政府。

第五步，复评阶段。当发行方得知信用评级结果之后，如无异议则首次信用评级结果为最终结果。如发行方对地方政府债券的信用评级有异议，并有充分理由认为评级结果与实际情况差距较大，则可申请复议。复议时，发行方应提供相应的补充材料。在材料不全的情况下，评级机构可以不受理复议。

第六步，公布评级结果。最终评级结果确定后，评级机构需要根据实际情况决定是否公开地方政府债券的信用等级。公开渠道包括评级机构自己的官方网站和各种媒体。公布的内容可以是评级报告全文、摘要或结果。

第七步，评级监测。评级监测是在地方政府债券发行后对其信用评级工作的延续，是地方政府债券信用评级的必要步骤。评级监测将一直持续至地方政府债券信用评级时效限定期的结束。评级机构可以采取定期跟踪评级或是不定期跟踪评级的形式，考察影响信用等级的重要因素是否发生显著变化，并根据实际情况对地方政府债券的信用等级加以调整。

6.3 地方政府债券信用评级指标体系的构建

地方政府债券信用评级指标体系是指信用评级机构在对地方政府债券进行评级分析时所采用的一整套指标选择和评价系统。完整的地方政府债券信用评级指标体系应包括反映地方政府债券信用等级的符号、信用评级所需考虑的要素与细化指标，以及进行信用增级时所需依靠的评估方法。

6.3.1 地方政府债券信用评级符号

在市场约束管理模式下，地方政府债券发行方将积极寻求知名度较高的信用评级公司对其将要发行的债券进行信用评级；而在行政控制模式下，随着发行规模的扩大，地方政府也开始引入信用评级以吸引更多的投资者。目前，美国标准普尔公司、穆迪投资服务公司和惠誉国际信用评级有限公司是国际上公认的、最具权威性的三家专业信用评级机构。这三家信用评级公司除了对美国地方政府债券进行评级工作之外，也在拓展对其他国家地方政府债券的信用评级业务[173]。由于信用评级对地方政府债券的发行影响重大，许多国家开始积极推动本国信用评级机构对于自身地方政府债券信用评级的参与程度。行政控制模式下的日本就拥有投资情报格付中心和日本格付研究所等信用评级结构在积极开展本国地方政府债券的信用评级业务。以上信用评级机构都分别建立了自己的信用评级符号体系，作为信用评级的基本表达方式[174]。

6.3.1.1 美、日地方政府债券信用评级符号体系

信用评级机构通常对中长期债券和短期债券采用不同的信用评级标准。中长期地方政府债券品种较多、差异较大，为了使信用评级标准可以体现出这种差异性，其所使用的符号体系也比较复杂。表 6－1 总结了上文所提及的五家信用评级机构对中长期地方政府债券信用评级所使用的符号体系。在所有的符号体系中，信用等级自上而下逐步降低。具有较高信用等级的投资级别，一般细分为 4 个级别；而信用等级较低的投资级别、不同的信用机构则有着不同层次的等级划分。

表6-1 中长期地方政府债券信用评级符号体系

<table>
<tr><th>评级级别</th><th>穆迪公司</th><th>标准普尔公司</th><th>惠誉公司</th><th>投资情报格付中心</th><th>日本格付研究所</th><th>含 义</th></tr>
<tr><td rowspan="4">投资级别</td><td>Aaa</td><td>AAA</td><td>AAA</td><td>AAA +
AAA
AAA -</td><td>AAA +
AAA
AAA -</td><td>高质量证券,投资风险最小</td></tr>
<tr><td>Aa1
Aa2
Aa3</td><td>AA +
AA
AA -</td><td>AA +
AA
AA -</td><td>AA +
AA
AA -</td><td>AA +
AA
AA -</td><td>高质量证券,投资风险很小</td></tr>
<tr><td>A1
A2
A3</td><td>A +
A
A -</td><td>A +
A
A -</td><td>A +
A
A -</td><td>A +
A
A -</td><td>中上等级证券,本息偿还保障因素较多,但偿付本息能力有一定的不确定性</td></tr>
<tr><td>Baa1
Baa2
Baa3</td><td>BBB +
BBB
BBB -</td><td>BBB +
BBB
BBB -</td><td>BBB +
BBB
BBB -</td><td>BBB +
BBB
BBB -</td><td>中等级债券,有足够保障本息偿付的因素,但偿付本息能力有一定的不确定性</td></tr>
<tr><td rowspan="8">投机级别</td><td>Ba1
Ba2
Ba3</td><td>BB +
BB
BB -</td><td>BB +
BB
BB -</td><td>BB +
BB
BB -</td><td>BB +
BB
BB -</td><td rowspan="2">具有一定的投机性,本息偿付保障有限</td></tr>
<tr><td>B1
B2
B3</td><td>B +
B
B -</td><td>B +
B
B -</td><td>B +
B
B -</td><td>B +
B
B -</td></tr>
<tr><td>Caa</td><td>CCC +
CCC
CCC -</td><td>CCC +
CCC
CCC -</td><td>CCC +
CCC
CCC -</td><td>CCC +
CCC
CCC -</td><td>不具备足够的投资条件,长期来看,本息偿付能力和意愿不足</td></tr>
<tr><td rowspan="2">Ca</td><td rowspan="2">CC</td><td>CC</td><td rowspan="3">CC +
CC
CC -</td><td rowspan="3">CC +
CC
CC -</td><td rowspan="5">信誉较低、违约较大、本息偿付具有很大的风险</td></tr>
<tr><td>C</td></tr>
<tr><td rowspan="2">C</td><td rowspan="2">C</td><td>DDD</td></tr>
<tr><td>DD</td><td rowspan="3">D +
D -</td><td rowspan="3">D +
D
D -</td></tr>
<tr><td></td><td>CI</td><td rowspan="2">D</td></tr>
<tr><td></td><td>D</td></tr>
</table>

由于短期地方政府债券品种较少,各个信用评级机构对其信用等级划分亦较少,但采用的符号区别较大。

表 6-2 短期地方政府债券信用评级符号体系

评级级别	穆迪公司	标准普公司	惠誉公司	投资情报格付中心	日本格付研究所	含 义
投资级别	MIG1	A-1	F1	a-1	J-1	偿债能力最强
	MIG2	A-2	F2	a-1	J-2	偿债能力较强
	MIG3	A-3	F3	a-1	J-3	具有足够偿债能力,但经济环境恶化时,还本付息存在不确定性
投机级别	SG	B	B	b	NJ	偿债能力脆弱投机成分较高
		C	C	c	D	目前有可能违约,需依赖较好的经济条件才可以好转
		R	D			难以在规定期限内偿还本息
		SD/D				

6.3.1.2 中国地方政府债券信用评级符号体系

中国地方政府债券目前还未建立公认的信用评级制度,信用评级符号体系仍处于创建阶段。本章认为中国地方政府债券发行市场处于初建时期,债券的品种结构仍有待丰富。信用评级符号应首先起到区分长期债券和短期债券、投资级别债券和投机级别债券的作用。因此,本章根据中国人民银行 2006 年所提出的《信用评级管理指导意见》,分别提出中国地方政府债券长期债券 10 级信用评级符号体系和短期债券 6 级信用评级符号体系。

长期债券 10 级信用评级符号包括:①AAA——偿债能力极强,给予最高评级;②AA——偿债能力很强,与最高级别差别最小;③A——偿债能力较强,但与较高级别发债人相比,其偿债能力易受到整体经济环境的影响;④BBB——有足够偿债能力,但在经济条件恶劣的情况下偿还能力较弱;⑤BB——发债人具有投机成分,但有一定的偿债保障,但会为经济情况转差所削弱;⑥B——仍保有偿债能力,但在整体经济环境恶劣时,债券人将缺乏偿债的意愿和能力;⑦CCC——可能违约,但在整体经济环境较好时,债券人仍具备偿债能力；⑧CC——违约可能性很高，但具有优先偿付权；⑨C——违约可能性很高；⑩D——违约概率最高。在除 AAA 级、CCC 级以外的信用评级符号后可加入“+”“-”符号进行微调，表示在同一等级中信用排名的高低。

短期债券 5 级信用评级符号包括：①A-1——偿债能力较强，给予最高评级；②A-2——偿债能力最高级别差别最小；③A-3——具有偿债能力，但易受到整体经济环境的影响；④B——偿债能力脆弱，在经济条件恶劣的情况下会被进一步削弱；⑤C——发债人具有投机成分，但有一定的偿债保障；⑥D——不能在规定期限内偿还本息。

6.3.2 地方政府债券信用评级要素与指标细化

在不同的发行管理模式下，地方政府债券信用评级分析的侧重点有所不同。在同种发行管理模式下，不同类型的地方政府债券因其偿还形式的不同，地方政府债券信用评级分析的主要因素也有所区别。本节将通过比较美、日两国地方政府债券信用评级，根据中国地方政府债券发行的实际情况和发展趋势，探讨中国地方政府债券信用评级分析的主要因素与细化指标。

6.3.2.1 美国地方政府债券信用评级分析主要因素

美国作为市场约束制度模式的代表，拥有世界上最为复杂的地方政府债券品种结构。但依据债券偿还来源的不同，可以大致划分为一般责任债券和收入债券。一般责任债券的偿还资金来源于地方政府的税收；收入债券则由特定的收入来源偿债，不完全由税收收入偿还本息。对于以上两大类地方政府债券，信用评级机构所关注的重点内容有所不同。

(1)一般责任债券信用分析主要因素

一般责任债券的偿还依赖于政府税收，因此信用评级机构会重点考察以下几个方面的基本状况：①政治态度。一般责任债券的发行需要经过地方议会或相关部门的公共审议。当偿还发生困难时，也需要地方议会在宣告破产和筹资还债之间作出选择。因此，地方政府的偿债意愿是一般责任债券信用评级需要参考的主要因素之一。②债券构成。一般责任债券是由发行政府的信用和征税权作为担保。因此信用评级时，首先对于地方政府债券的总量较为关心。其次还需要考虑债券规模与人口总数、资产价值和财政收入之间的比例关系，以此判断债券发行是否超出控制范围。③经济分析。美国地方政府债券又称为市政债券，主要用于市政建设投入，因此需要考虑举债城市的经济发展程度。新兴城市往往倾向于发行较多的市政债券，由于城市经济的快速发展，债券的偿还具有一定的保证。而发展成熟的城市则应有效地控制债券总量。评价城市经济发展的指标主要包括收入水平、人口增长趋势、就业率等。④财务要素。考察经济结构水平之后，就要判断与之相对应的财政收入水平。良好的经济结构意味着稳定的税收和其他财政收入来源。当财政出现赤字时，需要进一步分析导致赤字的原因、赤字将持续的时间等重要问题。⑤管理要素。信用评级机构需要了解地方政府管理地方事务的能力，特别是管理债券的计划、规则和执行能力。另外，还须检查发行过程中的审计环节，确保数据的准确和一致。

(2)收入债券信用分析主要因素

收入债券的偿还资金通常来源于特定项目的收益，在进行信用评级时，要对发行条款、运营效率和竞争实力等方面加以重点分析。具体来讲，应分析的主要因素有：①债权协议。收入债券投资者的权益通过一系列法律条款和金融协定得以确定。其中，对于收入留置权的规定十分重要。收入留置权将明确项目净收入用于偿还债券本息的比率以及次序。大多数收入债券规定项目毛收入优先用于偿还第一批发行债券的利息，第一批债券拥有第一收入留置权。同一项目随后发行的债券利息将处于从属地位，拥有次级收入留置权。收入留置权的不同将影响信用评级等级的确定。此外，收入债券还包含对于现金流管理的条例，这将决定偿债基金和准备金在现金分配中所占的比重。②经济分析。收入债券所投资的营利性的公共事业具有一定的垄断性特征，竞争程度较低将有利于获取较高的收益，进而保障债券的还本付息。收入债券涉及多种行业，如公用事业、医疗教育、住房和交通等，其信用评级还应结合具体投资项目所属行业的特征加以分析。③财务要素。资产负债表上的财务比率分析有助于划分收入债券的信用等级。分析人员需要关注同行业不同公司的整体收益状况，同公司不同年度之间的收益变化。

6.3.2.2 日本地方政府债券信用评级分析主要因素

作为行政控制模式的代表，日本地方政府债券受限于中央政府的审批制度和信用担保制度。其种类基本为一般责任债券,部分收入债券也会在偿还困难时转换为一般责任债券。因此,无论是国际信用评级机构还是日本本国的信用评级机构,都对日本地方政府债券的信用评级分析主要因素具有较为统一的认识。

国际信用评级结构认为日本地方政府债券的信用分析应重点考虑:①经济因素。需要考察发行地区的人口构成,特别是15岁以下和65岁以上被抚养人口的规模和比例;产业结构,是否具有高度集中的优势行业;经济增长前景。②制度因素。包括中央政府和地方政府之间制度安排的稳定性;是否具有中央财政担保;是否按照规定定时全面公布财政和预算报告。③财政因素。包括每年财政收入的稳定性,需要区分独立财源与中央政府交付金,交付金的稳定性;每年财政收入的增长趋势和地方政府抑制财政扩张的意愿;财政收支差额、预算资金与决算资金的差额。④财务状况。包括债券支出的周期性变化;直接债券和隐性债券的总额与比重。

日本本国评级机构则根据本国财政体制特征,从以下4个方面进行信用评级分析:①经济因素。包括产业集中度和多样性、居民人均GDP和辖区内人口结构发展趋势。②债券因素。包括已有债券偿还年限、税法变更后所需年限、附属组织借债数额。③财政收支状况。重点考察税收基础、地方交付税和国库支出金,国家信用担保。④财政运营能力。包括地方政府偿债意愿、地方领导财政运营能力、未来财政收支发展趋势和偿债计划。

6.3.2.3　中国地方政府债券信用评级分析主要因素与细化指标

中国地方政府债券发行主体信用评级,就是对地方政府偿还各自所发行的地方政府债券的能力和意愿加以评价。本章认为影响地方政府偿债能力和意愿的主要因素包括区域经济因素、法规政策因素、债券管理因素、财政收入因素和财政管理因素五大类。

(1)区域经济因素

地方政府债券作为一种支持地方公共设施建设的必要地方财政工具,其区域性特征明显。当地方政府债券是以发行方财政收入为偿债来源的一般责任债券时,发行方所辖区域的经济发展水平以及未来的发展规划将直接影响到发行方的财政收支状况,进而影响到地方政府债券的还本付息能力。当地方政府债券是以具体投资项目回报为偿债来源的收入债券时,其所投资的盈利性的公共事业具有一定的垄断性特征,竞争程度较低,而区域经济的发展水平将对这类准公共产品投资收入水平产生至关重要的影响。因此,区域经济发展水平是地方政府债券信用评级中宏观经济因素分析的重要内容之一。

在具体的区域经济发展分析中,需要着重考察地方经济的发展水平和产业结构。经济发展水平的评估应重点从总量和人均指标两个方面考察发债地区3~5年的GDP、工业增加值、城乡居民人均可支配收入等重要衡量指标。产业结构方面应考虑三大产业对于GDP的贡献比例,以及支柱产业在全国的排名等因素。

(2)法规政策因素

就现阶段而言,具有中央财政信用担保的中国地方政府债券信用评级正面临一个重要的不确定制度因素。在地方政府债券相关法律规定中,关于中央财政部代为还本付息的解释不足,没有明确作为担保人的财政部对地方政府债券和国债的偿付顺序。当地方政府债券和国债同时发生偿还危机时,国债是否将优先偿还需相关法规制度予以明确。另外,地方政府债券管理水平的提高也受到法律制约。《预算法》第二十八条明确规定:"地方各级预算按照量入为出、收支平衡的原则编制,不列赤字。除法律和国务院另有规定外,地方政府不得发行地方政府债券。"虽然地方政府债券由国务院批准,并由财政部代为发行的形式规避了《预算法》的管制,但地方人大对于地方政府债券发行的监督管理作用仍缺乏一个坚实的法律基础。随着发行规模的扩大和发行主体的增多,中央政府在缺乏足够信息的情况下,将难以全面、细致地掌控地方政府债券的发行。因此,以上法规政策的变化将对中国地方政府债券的信用水平产生巨大的影响,在进行地方政府债券评级时,应针对以上法规政策的变化作出相应的调整。

(3)债券管理因素

地方政府债券是指地方政府为获得某种利益而承担的产生于过去的某种事项,并且在将来导致地方政府资源流失的现有责任。分税制改革后,中国不同地区各级政府的负债水平有很大不同。总体来讲,经济不发达地区和级别较低的地方政府往往比经济发达地区和级别较高的地方政府政府债券负担更重。评价地方政府的债券管理因素,需要从两方面着手:一是考察地方政府债券的总量和结构。根据世界银行专家汉娜·波娜柯娃·布里克希对政府债券的划分方法,中国地方政府债券可以划分为直接显性债券、直接隐性债券，或有显性债券和或有隐性债券。目前两种直接债券的统计数据较为容易获取，但两种或有债券由于历史原因往往难以准确统计，这也造成了地方政府债券总量的统计困难。根据法律规定，地方政府对于显性债券有偿还义务，由此形成明确的偿债压力。隐性债券虽然不受法律约束，但如社会保障资金缺口，粮食、供销等企业亏损政策性挂账等债券，地方政府仍需承担偿还义务。二是根据地方政府财政报表分析相关的债券指标。根据中国地方政府每年财政统计数据的内容，比较适合作为分析指标的比率关系包括：①债券率，是指债券余额占当年政府综合财力的比率，可反映政府财力对债券的支撑状况。我国多个省、市对该比率有严格的规定，一般要求控制在 100% 以内。②偿债率，是指当年债券还本付息额占当年财政收入的比重，表明当年财政收入中用于偿还债券的份额。该比率是衡量政府还本付息能力的重要指标，也能表现政府债券规模是否适度，国际公认的偿债率警戒线为 22% 。③债券负担比率，是政府债券余额占同期 GDP 的比例，它是衡量债券规模的宏观指标，体现一个国家或地区的债券负担情况，也是衡量经济总规模对政府债券承受能力的重要指标。国际公认的警戒线为 45% 。

(4)财政收入因素

地方政府的财政收入能力直接影响着地方政府的财政支出能力，从而制约着地方政府的偿债能力，因此成为评价地方政府债券信用水平的主要因素。对地方政府财政收入能力的考察，应从财政收入的规模和结构两个维度进行分析。考察地方政府财政收入的规模，既需要计算财政收入的绝对规模，也需要评估财政收入的相对规模，以确定地方政府偿债资金是否充足和具有弹性。评价地方政府财政结构，应综合考虑 3 个主要的财政收入来源。其中，一般预算收入是地方政府可以自主支配的财源，也是地方财政收入的主要来源，其规模和在财政收入中的比重是评判地方财政实力的重要指标。一般来说，一般预算收入在地方财政收入中的占比与地方政府债券信用评级水平呈正相关性。转移支付对于中国部分地方政府是主要财政收入来源，甚至超出了一般预算收入。由于专项转移支付不构成地方政府的可支配财力，若专项转移支付占财政收入的比重较高，则偿债能力偏弱。基金预算收入和预算外收入在财政收入中所占的比重通常较低，且基金预算收入一般具有指定用途，通常只能是地方财政收入的补充。近年来，土地出让收入开始纳入基金预算收入(或预算外收入),基金预算收入(或预算外收入)也可以成为地方政府财政收入的重要组成部分。但是,与一般预算收入相比,土地出让收入与区域房地产市场的走势密切相关,波动性较大。过多依赖预算外收入的地方财政,其偿债能力存在较多的不确定因素。

(5)财政管理因素

地方政府债券信用评级需要考察地方政府财政管理的以下几个方面:①地方财政盈余或赤字的发展趋势。分税制改革以来,大部分地方政府财政赤字呈逐年扩大趋势。即使趋于稳定,由于刚性支出的存在,财政赤字也一时难以缩小,为偿还债券造成了困难。②偿债基金的准备情况。虽然地方政府债券由财政部代为还本付息,但地方政府作为理论上的发行方和资金的实际使用者,应首先为偿还债券本息准备资金。③地方政府偿债意愿。在行政控制模式下,地方政府容易采取机会主义行为,逃避债券的偿还责任。应调查地方政府在使用原有融资平台时是否存在违约记录。

6.3.3 信用增级

目前中国地方政府债券的信用担保主要来自于中央财政。对于这种单一的信用担保形式,仍缺乏一种合适的信用增级评价方法来确定中央财政对地方政府债券信用等级的实际影响。对于第三方担保债券,在评级时主要关注两个方面:一方面是确定担保人与被担保人两者的信用等级,根据债券信用等级不低于担保人和被担保人主体信用等价的规定,取主体信用等级较高者作为债券初始信用等级;另一方面需要担保对债券的额外信用等级。第三方担保债券最终信用等级应当等于债券初始信用等级加上增信等级。根据担保的有关法律规定,如果债券发行人不能如期支付本息,担保人应承担责任(不可撤销连带责任担保下);而如果担保人也不能如期支付本息,债券就会发生违约。也就是说,担保责任违约只有在债券发行人和担保人同时违约的情况下才会发生,即需要考虑两者同时违约的联合概率。因此,对于保证担保债券额外增信等级主要关注担保人与被担保人之间的(违约)相关性,从而确定两者的联合违约概率。

假设有担保债券发行人为 A,有担保债券担保人为 B,D_A 和 D_B 表示债券发行人 A 和债券担保人 B 违约的可能性。知道 D_A 和 D_B 这两个随机变量均只取两个值,要么履约,要么违约,它们均服从二项分布的随机变量,其取值为:

$$D_i = \begin{cases} 1, \text{发行人或担保人违约} \\ 0, \text{发行人或担保人履约} \end{cases} \quad i = A \text{ 或 } B$$

那么有担保债券发行人 A 和有担保债券担保人 B 的违约概率分别为 $P(D_A = 1)$ 和 $P(D_B = 1)$。按照有担保债券的法律定义，只有在两家企业同时违约，即发行人（发债企业）不履行债务、担保人（担保企业）又无法承担该债务时，该有担保债券才会发生违约，其联合违约概率为 $P(D_A = 1, D_B = 1)$。根据概率论中 Pearson 相关系数的概念，有担保债券发行人和担保人的违约相关性 ρ_D 可定义为：

$$\rho_D = \frac{Cov(A,B)}{\sqrt{Var(A) \cdot Var(B)}} =$$

$$\frac{P_{AB} - P_A \cdot P_B}{\sqrt{P_A(1-P_A)P_B(1-P_B)}} =$$

$$\frac{P(D_A = 1, D_B = 1) - P(D_A = 1) \cdot P(D_B = 1)}{\sqrt{P(D_A = 1) \cdot [1 - P(D_A = 1)] \cdot P(D_B = 1) \cdot [1 - P(D_B = 1)]}} \tag{6-1}$$

将式（6－1）进行等式转化，可得：

$$P(D_A = 1, D_B = 1) = P(D_A = 1) \cdot P(D_B = 1) + \rho_{AB} \cdot \sqrt{P(D_A = 1) \cdot [1 - P(D_A = 1)] \cdot P(D_B = 1) \cdot [1 - P(D_B = 1)]} \tag{6-2}$$

由式（6－2）可知，只要知道有担保债券发行人和担保人各自的违约概率以及二者之间的违约相关系数，就可以求出担保债权的违约概率。

6.4 地方政府债券评级制度的完善建议

在严格的行政控制管理模式下，信用评级对于地方政府债券的发行影响甚小，信用评级制度建设也由此进度缓慢。但正如国际经验所显示的，为了地方政府债券市场的稳步发展，严格的行政控制需要逐步放松，中央信用担保的范围也会随之缩小。这时，地方政府债券发行市场需要逐步建立起完善的信用评级制度，填补中央信用担保制度退出后信用管理制度体系中所存在的空白，以保障地方政府债券的顺利发行。根据中国地方政府债券发行市场和信用评级制度的发展状况，本章认为可以从以下几个方面完善中国地方政府债券信用评级制度。

6.4.1 推进信用评级机构多元化进程

地方政府债券本质上是一种债权债券凭证，与其他债券一样也存在偿付风险。因此，有专门的机构对公债的资信等级进行评估是必要的。信用评级机构所提供的信用评级报告可以为投资者提供可靠的信息，节约投资者的信息成本。较高的信用评级也可以帮助发行人降低发行成本，推动地方政府债券的顺利发行。

在推动地方政府债券信用评级时，应注意到当前信用评级市场具有明显的寡头垄断特征。获得美国“国家认可的统计评级机构”资质，是信用评级公司在美国信用评级市场开展业务的前提条件。相较于美国本土信用评级公司，其他国家的信用评级公司获取该资质的难度极大，因此美国信用评级公司完全控制着本国的信用评级市场。反观其他国家的信用评级市场管理，则缺少类似的准入规则。美国信用评级公司通过直接投资和参股的形式，逐渐在全球范围内形成了对国际信用评级市场的垄断，标准普尔公司、穆迪投资服务公司和惠誉国际信用评级有限公司已经占有 90% 以上的国际信用评级业务[175]。如果在中国地方政府债券发行市场中引入信用评级制度，以上三家美国信用评级公司凭借实力与经验将有可能占据大部分市场份额。

全球金融危机成为世界信用评级市场转变的重要契机。由于危机前三大信用评级公司对有问题的金融产品没有作出正确和及时的反应，而危机后大范围地降低各种金融产品的信用评级，特别是主权债务的信用评级，使得各个国家开始重新审视信用评级管理。信用评级公司“发行人付费”的收入模式以及模糊的评级标准成为质疑三大信用评级公司评级结果中立性和可靠性的主要依据[176]。德国、韩国等美国以外的发达经济体开始建立本国信用评级规则，并强化本土信用评级公司在自己国家信用评级市场的影响力[177]。在这一时代背景下，中国也有必要强化本土信用评级机构在未来中国地方政府债券信用评级市场上的竞争力。

在中国最具实力的 5 家权威信用评级机构中，中诚信国际资信评估公司 49% 的股权和经营权为穆迪所控制，上海远东资信评估有限公司 62% 的股权为美国控制的香港新华财经所拥有，联合资信评估有限公司 49% 的股权为惠誉所拥有，上海新世纪资信评估投资服务有限公司也与标普签署了技术服务协议，大公国际资信评估有限公司是当前唯一一家没有外资参股的独立商业评级机构。出于国家经济安全的考虑，应培植更多的本土信用评级机构，推动其参与地方政府债券信用评级，以保证中国拥有地方政府债券发行市场话语权[178]。为此，中国政府需要强化信用评级业的准入标准，鼓励上百家本国信用评级公司兼并重组，通过提高国内评级机构的资本实力和技术水平，建成几家可以与国际信用评级机构展开市场竞争的本土评级机构[179]。

6.4.2 引入地方政府债券保险制度

引入地方政府债券保险的目的在于解决地方政府债券因信用评级制度缺失而未能得到投资者认可的问题，其有利于降低发行成本，也有利于降低债券市场风险。与中央财政信用担保不同，债券保险不会产生负面的激励效应。发行人必须为保险付费，债券保险公司有专门的技术人员去判断发行人和城市财政的风险状况。信用风险越大，担保费用越高。同时，担保机构对发行人进行监管，并采取各种限制措施以降低风险。对于个人投资者来说，他们缺乏对发行人进行尽职分析的能力，而债券保险公司可以较好地弥补这一点。债券保险公司在选择是否承保时需要考虑发行人的风险因素，若风险较大，则容易给债券保险公司自身带来影响，因此，由债券保险公司担保可以使市场更有效率，使发行者、投资者以及债券保险公司实现多赢。发行人通过债券保险可以提升债券信用等级，节省超过担保费用的债券成本，且提高发行成功率；债券保险公司可以获得利润；投资者节省了获得信息及识别信息的成本，并且降低了发行者违约和流动性不足带来的风险；而对于整个债券市场来说，增加了债券的流动性，提高了债券市场的效率。

债券保险实质上可以看作担保的一种形式，因此，《中华人民共和国担保法》适用于债券保险，在中国现行的法律框架下可以通过担保的形式开展债券保险业务。中国地方政府债券发行中，地方政府信用评级制度的缺失，造成了地方政府债券对于中央隐性信用担保制度的依赖。改变这一现状的主要途径就是建立起地方政府债券保险制度。实际上，就中国大型保险企业的实力而言，其自身的风险管理能力以及资本充足率都足以支撑其成立债券保险公司。

6.4.3 明确债券发行过程的担保层次

在现行财政管理体制框架之下,地方政府债券本息偿还的担保来源可以分为4个方面:①当地方政府债券为收入债券时,其投资项目所产生的收益;②当地方政府债券为一般责任债券时,地方政府自身的财政收入;③作为发行方的地方政府所拥有的固定资产与资源开采权等权益;④中央政府作为“最后偿债人”,其所控制的全部国家财政收入。

一般而言,为明确债券主体和政府的职能与责任,避免风险蔓延,地方政府债券应采取前三个层次的担保,而不宜采用第四层次的担保。目前,部分中国地方政府债券的担保涉及了四个层面,因此,地方政府债券的信用担保应随着地方政府债券市场的发展和制度的完善逐渐回归到正常的层次。其具体的发展步骤如下:初创阶段,以中长期债券为主,不区分收益债券和一般责任债券,无论投资项目是否有收入,偿债来源都应以第二层次担保为主;完善阶段,不对债券期限进行限制,区分收益债券和一般责任债券,收益债券以第一和第三层次担保为主,一般责任债券以第二和第四层次担保为主。通过相关法律和配套文件的完善,明确政府及相关机构可担保的责任和范围,理顺地方政府、中央政府和债券投资人之间的关系,为地方政府债券信用制度提供制度保障,降低地方政府融资成本[180]。

6.4.4 推行全国性偿债基金制度

借鉴美国市政债券和日本地方政府债券的管理经验,可以考虑推行强制性偿债基金制度,以提升地方政府债券信用水平,防范偿还风险。作为定期发行地方政府债券的地方政府,应建立专门的偿债基金账户,根据新发行债券的规模,按照一定的比例存入地方政府债券偿还准备金。各个地方政府偿债基金账户中的准备金将上缴和汇总至专门的管理机构,形成偿债基金,以应付地方政府债券可能发生的偿还危机。偿债基金的管理和使用须由管理机构统一安排,根据各个地区地方政府债券的偿还情况调剂使用,绝对禁止任意挪用基金,以确保地方政府债券本息的按期偿还。地方政府必须保证准备金足额拨付,其来源可以为地方财政收支结余、收入债券投资项目收益等[181]。

7 中国地方政府债券发行招标制度分析

在完成发行审批和信用评级之后，中国地方政府债券发行将进入正式的发行招标阶段——这也是其发行过程的最后阶段。在招标的开始阶段，发行方将决定采取何种招标方式发行地方政府债券。而招标方式的选择将决定具体的发行规则和过程。在一个相对成熟的地方政府债券发行管理制度体系中，会存在几种不同的发行方式可供发行方根据自身资金需求和市场资金供给状况，因地制宜地进行选择。发行方可以通过合理地选择发行方式，来有效地降低融资成本和提高融资的效率。目前，中国地方政府债券发行方式相对单一。如果不能够对地方政府债券发行方式进行合理的优化，那么随着发行市场的深入发展，单一的发行方式选择终究难以适应多变的金融市场，而且会造成地方政府债券发行成本的持续增加。由于中央信用担保的存在，地方政府积累的债务也将转化为相应的中央财政风险，从而危及整个国家财政系统的平稳运行。因此，关于地方政府债券发行方式选择的研究对于完善中国地方政府债券发行管理制度具有重要的实际意义。本章将以提高地方政府债券发行市场效率为目标，通过比较国内外已有的地方政府债券发行方式，并结合博弈论理论分析结论，提出具体的中国地方政府债券招标发行制度改良措施。

7.1 地方政府债券发行方式评述

地方债务置换之前，中国地方政府债券发行方式基本采用一种发行方式——招标发行，依赖于一类发行承销商——国债承销团成员。考虑到当时中国地方政府债券发行额较少、结构较为简单的现状，这种单一化的中国地方政府债券招标方式可以起到保障融资顺利进行的作用。但随着中国地方政府债券发行市场的深入发展，中国地方政府债券的发行方式根据新的市场需要，依据国外地方政府债券发行经验和中国政府债券已有的发行经验，逐渐扩大了选择范围，引入了定向承销方式。发行方根据自身资金需求，结合实际市场状况，可以合理地选择发行方式。

7.1.1 国外地方政府债券发行方式比较

地方政府债券发行方式的选择与发行方所在国家债券市场的发展程度密切相关。在美、日两国，地方政府债券主要通过拍卖发行的形式进行公开发售[182]。拍卖发行的具体形式包括两种：议价承销和竞价承销。发行方往往会根据地方政府债券类型，特别是偿还来源的区别，决定采取何种发行方式。收入债券一般通过议价承销发行，一般责任债券则通过竞价承销发行。对于发行者来说，竞价承销和议价承销各有利弊，具体比较如表 7 - 1 所示。

表 7 - 1 竞价承销与议价承销的优点与缺点

<table>
<tr><td rowspan="2">竞价承销</td><td>优点</td><td>①理论上，发行所需的融资成本可以控制到最低；
②承销差价可能相对较低；
③避免了在选择承销商时的不公平</td></tr>
<tr><td>缺点</td><td>①报价包括风险溢价，报价人需要考虑竞标失败的可能性；
②发行日期和结构一旦公布，就不能灵活改变；
③发行者难以控制承销团成员；
④竞标所得价格可能低于最高价格，存在潜在的更高价格</td></tr>
<tr><td rowspan="2">议价承销</td><td>优点</td><td>①承销商专注于销售工作，减少寻求外部金融顾问帮助所带来的成本；
②通过一个高水平的预售，可以提高投资者接受最高报价的可能性；
③可以根据政府债券市场的变化改变发行日期和结构；
④发行者对于承销团成员有较大的控制力</td></tr>
<tr><td>缺点</td><td>①承销商的报价之间没有直接的竞争；
②承销差价可能偏高；
③选择承销商时存在机会不公平的问题</td></tr>
</table>

无论是议价承销还是竞价承销,承销商都要担负发行失败的责任和风险。竞价承销下,发行商所报出的报价即为最终报价,无论债券市场如何变化,承销商都必须接受最终报价,因此风险较大。而议价承销下,承销商可以在没有时间表的限制下决定债券的市场价格,这给予了承销商通过调节地方政府债券收益率来适应市场的机会。总体来看,拍卖发行中地方政府债券的发行方可以根据自身的需求和债券市场的实际情况,通过合理地选择发行方式来降低成本并及时获取资金。目前,由财政部代为发行的中国地方政府债券,其发行招标依赖于已有的国债发行渠道,发行主体被局限于省级地方政府和部分市级政府。由财政部代为发行的地方政府债券,发行方式局限于招标发行,参与招标的承销商为国债承销团成员;而地方政府自主发行的地方政府债券,则可以在承销与招标两种发行方式中自行选择,但目前所有自行发债的地方政府始终沿用招标发行方式,并且根据规定,无论采取哪一种发行方式,承销商仍被限制为国债承销团成员,其数量原则上不得超过20家。我国的招标发行与美、日两国地方政府债券的拍卖发行确实存在较多的不同之处,具体如表7-2所示。

表7-2　国内外地方政府债券发行方式比较

债券种类	发行方式	发行方	投资者构成
国外地方政府债券	承销拍卖	各级地方政府	金融投资机构和一般投资者
中国地方政府债券	公开招标 定向承销	省级地方政府和 部分市级地方政府	国债承销团成员

7.1.2　国债与地方政府债券发行方式比较

目前中国地方政府债券的发行依靠国债发行渠道,发行方式虽然原则上可以采用承销与招标两种方式,但基本以单一价格荷兰式招标发行为主。随着严格的行政控制模式的逐步放松,地方政府债券发行方式将逐渐增多。但受制于分税制体制和行政控制管理制度模式的双重约束,中国地方政府债券发行方式的选择仍会长时间限制在已有的国债发行方式之中。

改革开放以来,中国国债发行方式经历了20世纪80年代的行政分配、

90年代初的承购包销，逐渐形成了目前定向发售、承购包销和招标发行并存的基本格局[183]。在以上三种主要的国债发行方式中，招标发行是由国债发行方直接向投资者销售债券。招标发行与另两种发行方式相比，投资者可以自主报价和选择认购国债的数量，市场化程度较高，使得整个发行过程更为公平[184]。虽然招标发行不能完全避免招标者之间、招标者和拍卖者之间的相互串谋，但其创造的公平竞争的市场环境要优于定向发售和承购包销。可以认为，招标发行是中国政府债券招标方式中最接近市场化运作模式的方式，其将市场竞争机制引入政府债券发行过程，可以反映出承销商对于利率走势和市场资金供求的基本判断。此外，招标发行还进一步加强了政府债券一、二级市场之间的衔接。由于以上优点，招标发行被指定为中国政府债券发行的主要形式。

中国国债招标发行可以根据招标标的不同划分为缴款期招标、价格招标、收益率招标三种形式：①缴款期招标，是指在已经确定地方政府债券的票面利率和发行价格的条件下，按照向财政部缴款的先后顺序承销机构依次获得中标权利，达到预定发行额后，招标工作即结束。缴款期招标多适用于招标机制不健全的情况。②价格招标，是指投标人按照所报买价自高向低的顺序中标，直至满足预定发行额为止。价格招标按照规则的不同，可以划分为单一价格招标（又称荷兰式招标）和多种价格招标（又称美国式招标）。按照单一价格招标规则，中标的承销机构都以相同价格（所有中标价格中的最低价格）来认购中标的地方政府债券数额。按照多种价格招标规则，承销机构分别以其各自出价来认购中标数额。贴现债券多采用价格招标。③收益率招标，投标人以债券投资收益率为竞争标的物，发行人按从低到高的顺序确认中标人及其中标额，也可以分为单一价格招标和多种价格招标，主要用于付息地方政府债券的发行。不过由于招标差异最终都会反映为收益率差别，从本质上来看所有地方政府债券招标都可视为收益率招标。

目前中国地方政府债券发行方式基本采用招标发行方式，这其中也包括了被允许自行发债的10个省、市级地方政府。债券品种一致为凭证式国债，招标标的为收益率，招标规则遵循单一价格招标规则。通过表7-3中国债发行方式与地方政府债券发行方式的比较，可以看出，无论是中央财政部还是地方政府，在选择地方政府债券发行方式时，都表现出了一定的路径依赖,在发行地方政府债券的初期,倾向于参照和采用最为常见的国债发行方式。

表7－3　国债发行方式与地方政府债券发行方式的比较

债券种类	债券品种	发行方式	招标标的	招标规则
中国国债	凭证式国债 记账式国债 无记名国债 定向式国债	定向发售 承购包销 招标发行	缴款期招标 价格招标 收益率招标	单一价格招标 多种价格招标
中国地方政府债券	凭证式公债	招标发行 定向承销	收益率招标	单一价格招标

从理论上来讲,地方政府债券发行主体应以降低发行成本和提高发行效率为目标,根据自身需要和市场状况,合理地选择发行方式。但中国地方政府债券发行管理制度具有其深厚的时代背景。中国地方政府债券产生于中国分税制改革初期,而金融危机则是其得以建立的重要触发事件,发行方式的选择也由此具有了非常明显的时代烙印[185]。中国分税制改革目前仍止步于中央与省级地方政府之间,因此作为分税制制度体系一部分的地方政府债券发行管理制度也只赋予了省级地方政府发行债券的申请权和部分市级地方政府有条件的自行发行权,实际的发行审批权控制于财政部,由此中国地方政府债券的发行采取了财政部代为发行的方式。同时,中国地方政府债券是作为应对金融危机的一项配套财政政策为中央政府所制定并推行。在金融危机的压力下,财政部为了保障地方政府债券发行的顺利进行和有效控制其对债券市场的影响,对地方政府债券发行沿用了部分国债发行的方式和渠道。以上两方面的原因造成了这种由财政部代为发行并还本付息的地方政府债券,在其发行方式的选择和规则制定方面,一方面因袭了中国国债发行方式选择的基本特征,另一方面也作出了许多更为严格的限制,具体表现在发行利率区间的限制、招标规则的设置和承销商资格的确定3个方面。

第一,发行利率区间的限制。自2009年起,由财政部代为发行的中国地方政府债券都以招标方式发行。目前,有10个被允许自发自还的省、市,其地方政府债券的发行方式可以在承销和招标中进行选择。招标标的被限定为收益率的一种。财政部代理发行地方政府债券招投标和考核规则中,都规定中国地方政府债券都为记账式固定利率附息债券。而对于招标利率的确定，中国地方政府债券招标制度设置了较多行政性的限制规则。这是由于中国政府债券采取招标发行时间较短，投资者在投标时，对于债券价值的认知差异较大，限制投标区间可以保障投标行为处于合理的范围之内。但通过行政手段干预招标过程有违市场竞争原则，会使最终的招标结果难以反映地方政府债券发行市场上真实的供求关系[186]。此外，作为投标区间的设定者——财政部，如未能准确把握发行市场上投资者对于地方政府债券发行利率的预期，则价格区间的设置将出现误差。以利率上限为例，如果发行方规定的利率上限与投标者根据市场状况所作出的判断存在较大差距的话，就会影响到地方政府债券的足额顺利发行。在实际发行过程中，已有过部分省份推迟发行并调高发行利率的先例。目前中国地方政府债券对于发行方式选择的严格限制，与国外地方政府债券和中国国债多种发行方式并存的现状形成了一定的反差。

第二，招标规则的设置。根据每年颁布的关于地方政府债券招标招投标和考核规则的通知，地方政府债券招标方式一直被限定为荷兰式单一价格招标，并辅以“基数承购、区间投标、差额招标、余额分销”的招标规则。荷兰式单一价格招标多用于处于起步阶段的债券市场，可以避免复杂的程序和较高的发行成本[187]。而中国地方政府债券招标所实行“基数承购、区间投标、差额招标、余额分销”的管理规则非常适合于金融危机时期债券市场资金紧张且地方政府债券发行量较少的实际情况。但这一规则对于承销商在购买地方政府债券时所购买的数量、利率、价格都作出了严格的限定，这种限定本质上有违于市场自由竞争的基本原则[188]。随着债券市场的逐渐稳定和地方政府债券规模的扩大，应实行更为市场化的“自由投标、变动价位、二次加权、全额投标”的招标规则。在市场进一步成熟的情况下，还可以考虑引入美国“全额承购、自动投标、依序得标”的招标规则，最大限度地减少对投标的限制，寻找地方政府债券的“自由市场价格”，消除中国地方政府债券招标过程中价格扭曲的现象。

第三，承销团成员资格的设定。将地方政府债券承销商资格与国债承销商资格相挂钩，即规定参与地方政府债券招标的承销商应具有承销国债的资格，并将参与地方政府债券发行的记录加入到未来承销国债资格考核的范围之内。中央政府通过这一制度安排，一方面兑现了财政部对于国债承销团成员可以优先参与政府债券市场改革的承诺;另一方面也迫使国债承销团成员必须积极参与到地方政府债券的招标发行之中。采取招标方式发行的中国地方政府债券,完成了在金融危机时期足额发行债券的艰巨任务。但投标者被限定于国债承销商范围之内,使得没有国债承销资质的机构投资者被排除在外,地方政府债券招标结果难以全面和有效地反映整个金融市场的供求状况。虽然中央政府一直致力于推动地方政府债券市场投资者的多样化,但实际效果受制于制度约束,一般投资者只能通过有限的渠道谨慎参与。

中国地方政府债券的发行管理主要由财政部负责。财政部在使用国债发行渠道为地方政府债券融资时,自然会沿用已有的为自身所熟悉的国债发行规则。此外,财政部作为国债和地方债券的共同管理者,十分注意两者之间的协调问题,特别是要防止地方政府债券对国债发行造成不利影响。出于以上因素考虑,财政部在行政控制模式的制度保障下,对地方政府债券选择了单一化的发行方式和设定了严格的发行规则。在财政部的主导下,地方政府债券即使在金融危机时期,发行过程也相对平稳,但难以扩大的发行量和固定的发行时间使得地方政府债券一直被视为“准国债”,而非一种有效的地方政府融资工具。为了适应地方政府债券市场深入发展的需要,有必要对现有的发行方式和所遵循的规则加以改进和创新。

7.2 地方政府债券招标发行的博弈分析

从已有的国内外经验来看,招标和拍卖是政府债券发行的主要形式。除了因为这两种发行形式可以较为准确地反映出投资者购买债券的真实意愿外,透明和公平的发行程序更是政府青睐这两种公募发行方式的原因所在。目前,受限于中国债券市场的发展现状,政府债券发行的主要形式为招标发行。作为政府债券的一个类别,中国地方政府债券也沿用了招标发行。就现阶段而言,中国地方政府债券发行方式的优化,就是地方政府债券招标的优化。具体的招标过程可以概括如下:首先,由地方政府债券发行方公布本次招标的数额、时间及规则;其次,各个投标人依据自身的投资需求和对地方政府债券的估价,规划自己的投标方案,确定竞标的报价和数额;最后,在发行方规定的时间内,进行实际的投招标工作,根据竞标结构确定地方政府债券最终的发行利率和份额分配。本书假定各个投标人只了解自身的投标计划,并且一旦投标便不能更改决定。由此,中国地方政府债券招标过程可以概况为一个静态贝叶斯博弈过程[189]。各个投标人为该博弈中的博弈方,政府的作用在于制定规则,因此被排除在博弈过程之外。

7.2.1 博弈过程的基本假定

在地方政府债券招标的博弈分析开始前,需要做出几个重要假设与说明。本章关于中国地方政府债券招标的博弈分析是建立在基准点模型的4个基本假设条件之上[190],具体是指:

(1)对称性。所有投标人的价值服从同一种分布函数。待售地方政府债券对投标人 i 具有价值 e_i,且 e_i 服从$[0,V]$上的均匀分布。

(2)独立性。每个投标人仅了解自身对地方政府债券的估价 e_i,缺乏关于其他投标人估价 e_j 的有效信息。投标人所共同了解的是,所有估价 e_i 和 e_j 均在$[0,V]$的区间上均匀分布。

(3)风险中性。所有投标人追求期望利润最大化,价值为0的投标人期望支付为0。

(4)没有预算约束,支付是报价的函数。投标人 i 对应报价 b_i。投标人对地方政府债券的估价 $e_i=0$ 时,则放弃报价;e_i 越高,则 b_i 也相应提高,但 b_i 永不高于 e_i。两者的函数关系可以表示为

$$b_i = \beta e_i \quad (0 < \beta < 1) \tag{7-1}$$

除以上4个基本假设之外,根据已有的地方政府债券招标经验,还可以做出以下假设:当招标条件,特别是利率区间设定合理时,地方政府债券可以足额募入,即有效投标额与计划发行额之比 λ 大于1。

7.2.2 博弈过程分析

基于以上假设,当投标者的策略组合$[b_1(e_1),b_2(e_2),\cdots,b_i(e_i),b_j(e_j),\cdots,b_n(e_n)]$达到平衡时

$$\max[U_i(b_i)] = \max[(e_i - b_i)p_i(b_i)] \tag{7-2}$$

$U_i(b_i)$为投标者 i 报价为 b_i 时的期望收益;$P_i(b_i)$ 为投标者 i 报价为 b_i 时的中标概率。

因投标人 i 将实现期望收益最大化，则 b_i 与 e_i 之间的关系为

$$b_i = e_i - p_i(b_i) / \frac{\mathrm{d}p_i(b_i)}{\mathrm{d}b_i} \tag{7-3}$$

为确定 b_i 与 e_i 之间的关系，需求得 $p_i(b_i)$。

首先，可知 $b_i = \beta e_i$，且 e_i 在区间[0, V]上均匀分布。由此，$b_i > b_j$ 的概率为

$$p(b_i > b_j) = P(e_j < \frac{b_i}{\beta}) = \int_0^{\frac{b_i}{\beta}} \frac{1}{V}\mathrm{d}e = \frac{b_i}{\beta V} \tag{7-4}$$

然后，由于 b_i 的排名 m 服从参数为 $n-1$ 和 $P(b_i > b_j)$ 的二项分布。则 b_i 在所有报价中，排名位于前 $\frac{n}{\lambda}$ 位的概率为：

$$P_i(b_i) = \sum_{m=1}^{n/\lambda} C_{n-1}^{n-m} P(b_i > b_j)^{n-m} [1 - P(b_i > b_j)]^{m-1} \tag{7-5}$$

最终，将式(7-4)代入式(7-5)，可得

$$P(b_i) = \frac{1}{(\beta V)^{n-1}} \sum_{m=1}^{n/\lambda} C_{n-1}^{n-m} b_i^{n-m} (\beta V - b_i)^{m-1} \tag{7-6}$$

将得出的 $P_i(b_i)$ 代入式(7-3)，可知 b_i 与 e_i 的函数关系为

$$b_i = e_i - \frac{\sum_{m=1}^{n/\lambda} C_{n-1}^{n-m} b_i^{n-m} (\beta V - b_i)^{m-1}}{\sum_{m=1}^{n/\lambda} C_{n-1}^{n-m} b_i^{n-m-1} (\beta V - b_i)^{m-2} [(n-m)\beta V + (1-n) b_i]} \tag{7-7}$$

为了简化问题的分析，我们进一步假设地方政府债券作为一个整体进行销售，这样，投标者参与招标的结果，只有独自获取所有地方政府债券，或是失去所有地方政府债券两种情况。由此，$\lambda = n$，则式(7-7)的解为

$$b_i = \frac{n-1}{n} e_i \tag{7-8}$$

式(7-8)显示每个投标人的均衡报价是其估价的 $\frac{n-1}{n}$ 倍。投标者数量的增加，将导致 b_i 与 e_i 之间差距的减少。从理论上来看，当 n 趋于无限多时，$b_i = e_i$。但投标人的数量有限时，投标人的报价将低于他的估价；但投标人数量无限时，投标人的报价等于其估价，所有剩余将为发行方所得。该结论符合维克里所发现的收入等价定理[191]，这意味着在地方政府债券招标

博弈中,在参与方行为符合基准点模型的4个基本假设条件的情况下,不同的标准拍卖机制带给发行方的平均收入相等。因此,对于地方政府债券的发行方而言,以较小成本获取较高收益的关键在于通过合理选择发行方式,吸引更多的投标者参与地方政府债券的招标。

7.2.3 约束与激励机制

如上文分析,无论是作为代理人的财政部,还是自行发债的地方政府,如果希望在地方政府债券招标过程中获得尽可能多的效益,就需要致力于增加参与投标的投资者数量。强化地方政府债券招标过程中的约束与激励机制,将有利于这一问题的解决。

为了分析和设计地方政府债券招标中的约束与激励机制,本章首先假定即将招标的地方政府债券只存在唯一的招标方,只有两个参与投标的投标者—— V_1 和 V_2,且 $V_1 < V_2$。两个投标者分别对应的中标概率为 P_1 和 P_2,报价函数为 C_1 和 C_2。发行方所设计的地方政府债券招标约束与激励机制,需要符合以下4个方面的基本条件:

$$(IR_1):V_1P_1 - C_1 \geqslant 0;$$

$$(IR_2):V_2P_2 - C_2 \geqslant 0。$$

$$(IC_1):V_1P_1 - C_1 \geqslant V_1P_2 - C_2;$$

$$(IC_2)\ V_2P_2 - C_2 \geqslant V_2P_1 - C_1。$$

以上四方面基本条件的实际意义在于:其一,为了激励投标者参与地方政府债券招标,需要保证投标者竞标所获取的收益将超过其放弃竞标所获取的收益,投资者在效用最大化原则下将参与投标。其二,招标规则应可以约束投标者行为,使之符合发行方的需要。投标者 V_1 和 V_2 都存在相应的约束与激励机制 C_1,P_1,以及 C_2,P_2。遵守发行方设定的规则,投标者将获得较高的收益;反之,投标者的收益将减少。当约束与激励机制为投标者遵守时,发行方所获得的效用为 U,且 $U = X_1C_1 + X_2C_2$。X_1 和 X_2 分别代表 X_1: $V = V_1$ 和 X_2: $V = V_2$ 时的主观概率。

7.3 地方政府债券发行方式的改良

地方政府债券发行方对于债券发行始终抱有两方面的期望:一是匹配

地方政府资金使用计划,避免同一项目多次举债现象的发生;二是尽量达到地方政府筹资成本最小化的要求,包括减少发行费用和利息成本。通过对目前单一化的地方政府债券发行方式的改良,可以更好地实现以上两个期望。根据上文的分析,改良的基本方向就在于逐步引入更符合投资者需求的发行方式,并建立起更为有效的激励和约束机制,以吸引和引导更多类型的投资者加入发行市场,进一步丰富投资者结构,为地方政府债券发行量的扩大和品种的增大做好充分准备[192]。目前,中国地方政府债券发行方式过于单一,而且缺乏必要的管理制度,还难以达到以上要求[193]。本章认为通过借鉴国外地方政府债券和国内国债的发行经验,特别是一些经实践证明比较成功的做法,可以通过招标方式创新和管理制度完善两个方面的改进,保障和实现中国地方政府债券发行方式的合理化改良。

7.3.1 创新招标方式

目前中国的地方政府债券招标方式以单一价格方式为主,这主要是由于财政部采用单一价格发行政府债券历史较长,发行人和承销商都积累了较多的招投标经验,由此可以保障新产生的地方政府债券较为顺利地发行。但单一价格招标中,所有投标者的报价都会对地方政府债券最后的发行结果产生影响。如果出现某一个投资者非理性报价的情况,其他投资者也将被迫承担一样的损失。所以单一价格招标的存在是影响地方政府债券发行市场稳定运行的隐患。依据国债发行经验,地方政府债券的发行可以采取多种方式。除已经使用的单一价格招标外,还可以采用多种价格招标和混合价格招标。以上3种招标方式的最大不同之处在于发行利率的确定方法。单一价格招标下,地方政府债券的票面利率为招标产生的最高中标利率。多种价格招标中,地方政府债券的票面利率为全场中标利率的加权平均值。混合招标中,地方政府债券票面利率的确定需要首先计算全场中标利率的加权平均值,高于平均利率的机构按照平均利率购买地方政府债券,低于平均利率的则按投标利率购买地方政府债券。由于发行率的确定不同,以上3种招标方式在投标者实际收益和最后交款额方面也存在一定的不同。

在已有的3种政府债券招标方式中,单一价格招标使用时间较长,债券市场上各个参与方对于单一价格招标规则较为熟悉,投标者需要为招标所做的准备工作相对简单,可以吸引更多的投标人参与地方政府债券的投标。

因此,中国地方政府公债的招标一直采用单一价格招标。但单一价格招标一直存在发行成本难以降低、发行利率确定偶然性较大等实际问题。相对于单一价格招标,多种价格招标采用时间较短,不过其发行利率的确定具有相对的稳定性,在地方政府债券发行量逐渐增多时,可以成为另一种主要招标方式选择。多种价格招标中,投标者报价与中标概率成正比,与投资者收益成反比。这迫使投资者在投标前,必须进行详尽和复杂的地方政府债券定价估算与竞争对手策略分析。当地方政府债券发行招标参与者较多时,投标者准确评估市场形势的难度将随之加大。混合式招标是最新采用的一种招标方式,这种招标方式有利于降低发行方成本。但其规则复杂,加大了投资者进行招标分析和管理方进行有效监管的难度。从国际上已有的地方政府债券发行经验来看,由于发行市场客观存在信息不对称、资金需求波动大等问题,3 种招标方式的市场表现之间不存在绝对的优劣之分。中国地方政府债券发行市场已经相对平稳运行近四年之久,其主要承销商也是国债的承销团成员,完全可以在地方政府债券招标时,根据债券市场的实际情况,逐步引入已在国债发行中多次使用的多种价格招标方式和混合招标方式。

7.3.2 完善招标制度

中国地方政府债券招标改革的主要措施除了引进新的招标方式以及合理运用招标方式之外,还应建立起完善的招标管理制度。一个相对全面的地方政府债券招标管理制度体系应包括信息公开制度、承销商管理制度以及具体的发行程序规定等。从中国地方政府债券招标制度的现状来看,信息公开制度基本处于空白阶段,而承销商管理则完全依据国债承销商管理制度,相对健全的是发行程序规定,但也存在一定的改进空间。本章将从这 3 个方面讨论地方政府债券招标制度体系的构建与完善。

7.3.2.1 建立信息公开制度

中国地方政府债券市场的一个重要特征是以机构投资者为主,缺少中小投资者参与。造成这一状况的主要原因在于,行政控制模式下中国地方政府债券市场上的中小投资者缺乏必要的信息渠道,无法获取进行投资判断的足够信息。因此,中小投资者缺少参与地方政府债券招标竞争的意愿。

投资者结构的单一化意味着投标者和投标资金的数量都十分有限，客观上推高了地方政府债券的发行利率，限制了多种利率结构地方政府债券产品的推广。因此，有必要加强地方政府债券发行信息的公开度和透明度，以推动地方政府债券发行市场投资者的多元化进程。

首先，应要求地方政府债券发行方在发行之前，制定并公布一份关于地方政府债券发行的正式声明。这份正式声明需要涵盖将要发行的地方政府债券的许多细节信息，包括：①关于正式声明的概要和目录；②地方政府债券的基本描述，如发行目的、发行计划、信用担保和偿债来源等；③信用评级和增级的程度；④发行者的基本信息，如财政收支状况、未偿债券等；⑤发行方与其他发行参与方所签订的基本书件；⑥融资信息，如已有的融资路演结果、所有发行事项所依据的会计和审计准则；⑦可能影响到发行的法律规定问题等。在地方政府债券发行后，还应按时披露关于地方政府债券的使用情况、还款资金的准备等重要信息。

其次，以上信息都应通过多种渠道向投资者公开。美国地方政府债券的发行信息除了地方政府官方网站的公告以外，还可以通过财经新闻和报纸、承销商的公告、市政债券信息网（Munifacts）、市政证券信息库（NRMSIRs）、公开的债券发行市场工作表等途径，查询和搜集地方政府债券相关信息。目前，中国普通投资者获取地方政府债券信息的渠道狭窄，只能通过中国债券信息网以及财政部相关的公告。相较而言，中国地方政府债券的信息公开和披露制度还有待改进和完善。

7.3.2.2 优化承销商管理制度

优化承销商管理制度的目的在于，逐步改变地方政府债券发行市场投资者单一化的现象。过于单一的投资者结构会导致地方政府债券发行市场中投标者资金供求同质化，即参与投标的机构之间，在资金的来源和投向方面没有明显的区别。目前，无论是由财政部代为发行的地方政府债券，还是由地方政府自行发行的地方政府债券，参与投标的承销商必须具有国债承销的资格。此外，出于保障地方政府债券顺利发行的目的，财政部规定承销商每次承销量不得少于总发行量的1%。对于承销商资格和投标量下限的设定，使得地方政府债券承销商的总体数量一直在60个左右，而每年实际参与投标的承销商总数呈逐年下降的趋势。由各地方政府自行展开的地方政府债券招标，其参与的承销商数量就更为有限。以2011年深圳地方政府债券招标为例,承销团成员总数被限制在10家以内,而主承销商则不可超过3家。在投标者数量不足的情况下,招标中所形成的价格往往不能充分反映债券市场上的供求关系,影响了地方政府债券招标对市场利率水平反映的准确性,从而降低了地方政府债券招标发行的市场效率。出于吸引更多投资者加入地方政府债券发行市场的目的,应放松对承销商资格和投标量的限制。当地方政府自行发行地方政府债券时,可以允许具有一定实力的、国债承销团以外的承销商参与投标,并取消最低投标量的限定,尽量吸引多种金融机构参与地方政府债券投标,丰富地方政府债券发行市场的投资者构成。

7.3.2.3 建立预发行制度

地方政府债券的预发行是指投资者以即将发行的地方政府债券为标的所进行的一种远期交易。具体做法是在地方政府债券招标前,地方政府债券竞标主体根据提前公布的地方政府债券条件进行模拟交易,这些交易在地方政府债券发行之后再进行交割。地方政府债券发行市场上的发行方、投资者和管理者都可以通过预发行获取地方政府债券的价格信息。预发行交易产生的价格,可以帮助发行方确定发行利率,以避免流标等不利状况的出现;投标者则可以利用预发行价格判断债券市场资金供需状况,理性地投标以减轻“胜者诅咒”;预发行行为本身具有较高的透明度,更便于监管者管理地方政府债券发行市场。因此,有必要在地方政府债券招标过程中引入预发行制度,强化发行市场中各个参与方之间的信息沟通,更好地实现地方政府债券招标的价格发现功能。

8 结论及展望

中国地方政府债券发行管理制度产生于中国财政分权改革这一特殊历史背景之下，其存在的意义在于为合理管理地方政府债券的发行市场提供必要的制度安排，起到推动地方政府融资、降低地方政府融资成本和保障投资者利益的作用。本书的研究目标就是依据相关的经济学理论分析现行中国地方政府债券发行管理制度的特点和不足之处，通过借鉴国外地方政府债券发行管理制度经验，构建起符合中国地方政府债券发行市场特点的发行管理制度体系，为中国地方政府债券发行管理制度改革提供决策参考与依据。

8.1 主要结论

通过本书的研究分析得出了如下主要结论。

第一，中国地方政府债券发行管理制度演进是在财政分权改革进程中展开的，地方政府债券发行管理制度的演进及其实际的市场绩效，因不同的政治体制和市场规则而不同。分税制改革是当前中国财政分权改革的主要形式。在分税制改革后，一方面，“两个比重”明显上升，中央宏观经济调控能力逐渐增强；另一方面，地方财政缺口逐渐扩大，地方事权与财权不匹配现象严重。为了解决地方政府融资难题，中央政府和地方政府尝试了一系列的融资方式，但均未取得理想效果。以上原因，促使中央政府正式推出地方政府债券融资方式。但正如财政分权理论所揭示的，在特定制度约束下不同层级政府官员的行为都是在寻求自身利益的最大化。中央政府以社会产出最大化为行动目标，担负着推动国民经济稳定增长、平衡区域经济发展的责任，因此，中央政府希望地方政府债券的发行可以尽量配合宏观的财政政策和货币政策。地方政府出于提高所辖区域居民和企业满意度的目的，普遍存在扩大债券的倾向。在缺乏监督的情况下，地方官员还将在预算最大化和个人效用最大化的驱使下，积极扩大预算支出规模，通过举债支持大量的公共工程建设。辖区内的微观主体，无论是居民还是企业，既受益于公共建设，又可以避免税收的迅速提高，因此往往倾向于支持地方政府的举债行为。但地方政府债券市场中的投资者则追求投资收益的最大化，关注于地方政府债券的风险问题。以上地方政府债券发行市场上各个相关利益主体的经济和政治行为，在不同的政治体制和市场规则下，都将对地方政府债券发行制度的演进和其实际的市场表现产生不同程度的影响。

第二，中国现行的地方政府债券发行管理制度具有明显的行政控制模式特征，限制了地方政府债券市场的进一步发展，并且以中央政府信用担保为基础的地方政府债券发行管理制度存在将地方政府债券发行风险转变为系统性财政风险的可能性。本书根据中央政府对地方政府发债行为的干预程度，将地方政府债券发行管理制度划分化为行政控制模式与市场约束模式。在此基础上，通过对 SSP 范式行政控制模式的代表国家日本、市场约束模式的代表国家美国，以及中国的地方政府债券发行管理制度加以比较分析得出，中国地方政府债券管理制度具有鲜明的行政控制管理模式的特征，中央政府通过对审批权的控制主导着地方政府债券市场的运行。就中央政府对地方政府债券发行的干预程度而言，中国中央政府对于地方政府发行债券具有较日本中央政府更为强大的影响力。在这种严格的行政控制管理模式下，中国中央政府运用行政手段和信用担保手段为地方政府债券募集资金，在配合国家财政政策和货币政策的前提下，达到了推动和平衡各个地区经济增长的目的。在经济危机时期，此模式在一定程度上保障了地方经济建设资金的筹集。但由于审批限制过多、信息成本较高、缺乏有效监管等问题的客观存在，难以吸引大部分机构投资者和一般投资者进入市场。以商业银行为主的单一投资者结构限制了地方政府债券市场的进一步发展。严格的发行审批、有限的产品品种和较少的发行额限制等不利因素，使得地方政府依然依赖现有的融资平台筹措资金。同时，中央政府的信用担保存在将地方政府债券发行风险转变为系统性财政风险的可能性。

第三，中国地方政府债券发行管理制度的建立具有强制性制度变迁的基本特征，并在一定程度上存在制度供给不足、延续无效政策和目标单一等问题。在全球金融危机的背景下，地方政府债券发行制度得以迅速确立和推行，充分体现了强制性制度变迁能在较短的时间内以较低的成本推进制度变迁的优势所在。但决策者制定宏观经济政策，依据的是自身对客观经济形势的主观判断，而决策者自身以往的经验和知识结构是其作出判断的基础。由于有限理性的客观存在，中央决策者存在出现判断失误的可能性。计划经济时期地方政府债券发行的取消、转型时期关于地方政府禁止举债的法规、现行发行管理制度过于严格的审批管理和必要制度安排的缺失，都暴露出由中央主导的强制性的地方政府债券发行制度变迁，会在一定程度上存在制度供给不足、延续无效政策和目标单一等一系列问题。

第四，中国地方政府债券发行管理制度的演进将因循渐进式的分权改革路线，对发行管理过程中的审批、评级和招标等环节的管理制度进行完善和改良。中国中央政府和地方政府出于共同的利益需要，将一同着力于推动地方政府债券市场的扩大和发展。这意味着中央政府和地方政府在讨价还价能力方面的此消彼长，在未来的讨价还价过程中，中央政府难以再次通过强制性制度变迁将地方政府债券的发行管理模式从行政控制模式直接转变为市场约束模式。双方将在行政控制模式的基础上，采取渐进式路线，逐步放松中央政府对地方政府债券发行审核权的控制。在此前提下，中国地方政府债券发行管理制度体系应当在发行审批制度、信用管理制度和发行招标制度等方面发生一系列相应的变革。

第五，中国地方政府债券发行管理审批制度应该从完善法律基础、健全制度结构和减少细则限定等方面进行改进。完善法律基础意味着一方面要修改《预算法》和《担保法》中制约地方政府发行公债的法律规定，另一方面要建立《地方政府债券法》以规范地方政府举债行为。健全制度结构则应进一步明确发行主体资格，建立信息披露制度和构造地方政府债券监督体系。对于发行细则的修改需要在必要的经济学理论指导下，依据中国金融市场运行的客观规律，探寻确定地方政府债券合理发行规模、期限结构、利率水平和品种结构的方法和实施措施。

第六，中国地方政府债券发行量的增大使得中央政府为所有地方政府债券提供信用担保的难度加大，客观上要求建立起相应的地方政府债券信用评级制度。中国地方政府债券信用评级制度需要兼顾发行市场各个参与方的制度需求，遵循“公正、客观、科学”的基本原则。其内容应涵盖地方政府债券信用评级的基本程序、指标体系和信用增级方法。其中,指标体系建立尤为关键,需要通盘考虑区域经济、法规政策、公债管理、财政收入和财政管理五大类因素。为落实该制度体系,还需要在地方政府债券发行市场推进信用评级机构的多元化进程,引入地方政府债券保险制度,明确债券发行过程的担保层次和推行全国性偿债基金制度。

第七,需要进一步丰富和优化中国地方政府债券的招标制度。出于降低发行成本和提高发行效率的目的,地方政府应合理地选择招标方式。基于“基准模型”对中国地方政府债券招标过程进行博弈分析,其结论符合“收入等价定理”,即投标人数量的增加将有助于显示出投标人的真实报价。因此,地方政府债券发行人减低资金成本以获取更多期望收益的关键在于,吸引尽量多的投标人参与地方政府债券投标。中国地方政府债券招标制度优化的具体措施包括引入多种价格招标和混合式招标以丰富招标方式,进一步强化发行信息公开、放松承销商限制、建立预发行制度以完善招标制度安排。

8.2 政策建议

如前所述,中国地方政府债券发行管理制度将按照局部的、渐进式的、诱致性的制度变迁形式继续演进。这意味着,对于中国地方政府债券发行管理制度的改革,应先从发行市场上 3 个主要参与方可能实现共赢,从而达成一致同意的制度安排改良开始,进而深入到利益冲突较为激烈的制度结构调整,最终将涉及以分税制为主的上层制度改革。依据这一思路,我们将反转前文从分税制改革到地方政府债券发行管理制度体系,再到具体发行环节制度安排的三层次分析框架,从易到难地提出地方政府债券发行管理制度改革步骤与具体建议。

第一步,改进和完善发行审批、信用评级和发行招标 3 个主要环节的制度安排。首先,应逐步放松发行审批管理制度中,对发行规模、利率水平、期限和品种结构的严格限定。在参考国外地方政府债券发行管理经验的基础上,根据地方政府和投资者的制度需求,应对以上细则限定予以适当放松,即更多地根据各个地方经济实力和财政收支状况决定发行规模的总量与份额分配,取消地方政府债券发行利率参照同期国债利率水平的规定,放宽对期限和品种结构的限制。其次,着手构建中国地方政府债券信用评级制度,强化地方政府债券信用管理。中央信用担保只适合于地方政府债券发行规模较小的市场情况,扩大地方政府债券发行规模需要建立相应的地方政府债券信用评级制度。该制度应涵盖地方政府债券信用评级的基本程序和指标体系两大内容。除此之外,对信用评级机构的培育、债券保险的推广、担保层次的划分和偿债基金的建立都会对地方政府债券信用评级制度充分发挥效能起到良好的推动作用。再次,丰富和改进招标制度。中国地方政府债券完全依赖于单一价格的荷兰式招标方式,承销商也被局限于国债承销团成员范围之内。这对于提高地方政府债券发行的效率、降低发行成本都十分不利。因此应考虑引入其他已经成熟运用的国债发行方式,并放宽对承销商资格审核的条件,以吸引更多的投资者参与地方政府债券的发行招标。以上已有制度安排的改进和新制度安排的引入,将有效地推动地方政府债券发行市场的扩大,从而有利于发行市场上各个参与方利益诉求的实现,其得以实施的关键在于发行方管理技术水平的提高,并不涉及发行管理制度模式的转变和法律法规的修订,因此,可以在现有制度结构框架下逐步实施。

第二步,调整和丰富地方政府债券发行管理制度结构。由于实行严格的行政控制管理模式,中国地方政府债券发行管理制度结构过于简单,难以适应地方政府债券发行市场深入发展的需要。在未来中国地方政府债券发行管理制度结构调整过程中,需要更多地考虑地方政府和投资者的制度需求。在核心制度改革方面,中央政府应认识到自身管理能力的局限性,通过两方面的分权改革逐步向地方政府下放审批权。一方面,应坚持扩大自行发债省市范围,直至实现所有省市自行发债。另一方面,则应制定《地方政府债券法》,以强化对地方政府发债行为的约束和地方人大的监督职能。在配套制度改革方面,应完善中央财政担保制度,需要限定财政部为地方政府债券提供信用担保的条件,以及财政部对于国债和其担保地方政府债券之间的优先偿还次序。除此之外,还须制定地方政府债券信息披露规则,明确需要公布的具体内容和主要途径,以缓解发行市场上的高信息成本问题,为投资者进行合理抉择以及监管者更好地履行监督职责创造有利条件。由于调整地方政府债券发行管理制度结构直接影响发行市场上各个参与方的利益所得,将具有一定的难度,并需要经历较长时间的博弈过程。在推行以上改革措施时,需要根据具体的市场环境稳步推进。

第三步,深化分税制改革,并清除地方政府发行公债的法律障碍。地方政府债券发行管理制度是分税制改革的组成部分之一,其作用范围和演进方向将深受分税制改革进程的影响。最为直接的影响表现在地方政府应有财权和举债权的落实上。地方政府能否成为地方政府债券实际的发行主体,需要具备以下两方面因素:其一,地方政府具有一定的偿还能力,并非完全依赖中央财政进行举债;其二,地方政府具有相对独立的地方政府债券发行权,可以根据地方公共建设的具体需要合理安排发行计划。以上两方面因素的实现,客观上需要进一步深化分税制改革,逐步扩展地方政府"财权"——在各财政层级上匹配与各级政府事权相呼应的税基,以提高地方政府自身对地方政府债券的偿还能力;同时,还应推动分税制改革向省以下层面继续进展,使得基层地方政府逐步具备发行公债的条件。目前中国地方政府债券发行管理制度的发展还缺少一个坚实的法律基础,推动《预算法》和《担保法》的修改,取消限制地方政府发行债券的法律条文,将有助于指引和保障中国地方政府债券发行管理制度改革的深入。分税制改革的深化和相关法律制度的修改,对于中国地方政府债券发行管理制度改革具有深远和巨大的实际影响力,但地方政府债券发行市场各个参与方在此层面上的制度需求能否实现,还取决于许多更为宏观的体制因素,需要等待中国财政体制和政治体制改革的深入发展。

8.3 需要进一步研究的问题

中国地方政府债券发行时间较短,而关于其发行管理制度的研究仍处于起步阶段。这一课题的研究,一方面缺乏足够的实证分析数据;另一方面又与诸多经济学、政治学和法学等领域高度相关,因此受笔者自身能力知识结构所限,对该问题的研究存在许多不完善的地方,具体来讲,需要进一步研究的问题主要有以下几方面。

第一,加强关于地方政府债券相关法律法规的研究。新的《预算法》解除了地方政府发债的禁令,但仍需继续逐步地向地方政府下放审核权。同时,需要强化对地方政府举债行为的法律约束,这意味着需要制定和颁布《地方政府债券法》等一系列法律法规。关于这些法律法规的具体内容本书并未述及，还需要在进行深入法理研究的基础上进一步展开。

第二，研究地方政府债券发行与国家宏观经济政策相协调的问题。限制中央下放地方债券发行审批权的重要原因之一，就是无法清楚估计和有效调节地方政府自主发行债券对国家财政政策与货币政策产生的直接与间接影响。目前只能通过渐进式的分权改革，逐步积累和分析关于地方政府债券发行对中国其他财政工具和货币工具产生具体影响的实证资料。

第三，加深关于有效激励和约束地方政府举债行为问题的研究。地方政府具有超额发行债券的机会主义行为倾向，在发行审批权逐步下放的过程中，地方政府债券发行管理制度应建立起具体的制度安排，以起到激励地方政府合理发债的作用。本书通过对几个主要发行环节制度安排的改革探讨了这一问题，但受制于笔者自身理论水平、研究范围和深度，特别是对违规行为的处罚办法思考不足，还需加深研究。

参考文献

[1]闫鲁宁. 关于中央代发地方政府债券的延伸思考[J]. 地方财政研究, 2010(8): 36 -39.

[2]邓晓兰, 谢平, 武永义. 地方公债制度约束机制的博弈分析[J]. 财政研究, 2010(1): 24 -26.

[3]2011 年地方政府自行发债试点启动[N/OL]. 新华网,2011 -10 -20. http://news. xinhuanet. com /fortune/2011 -10/20/c_111111335. htm.

[4][美]戈兹曼, 罗文霍斯特. 价值起源[M]. 沈阳:万卷出版公司, 2010:8.

[5] Ter - Minassian, Teresa. *Fiscal Federalism in Theory and Practice* [M]. International Monetary Fund, September 10, 1997.

[6]Ter - Minassian, Teresa. Decentralization and Macroeconomic Management [R]. International Monetary Fund, November, 1997.

[7][日]土居丈郎, 林伴子氏, 鈴木伸幸. 地方債と地方財政規律[J]. 経済分析, 2006(178): 97 -154.

[8]土居丈郎. The System and Role of Local Bonds Permits in Japan[J]. *Government Deficit and Fiscal Reform in Japan*, *Kluwer Academic Publishers*, 2002: 121 -151.

[9]黄桦. 我国地方政府公债发行与运用的研究[J]. 中央财政金融学院学报, 1993(2): 51 -54.

[10]邓晓兰, 廖凯, 王俊霞. 地方政府公债融资的国际借鉴[J]. 西南金融, 2003(6): 58 -60.

[11]宋立. 地方公共机构债券融资制度的国际比较及启示——以美国市政债券与日本地方债券为例[J]. 经济社会体制比较, 2009(3): 76 -83.

[12][日]赤井伸郎. Ricardian Equivalence for Local Government Bonds:

Budget Constraint Approach [J]. *Economics Letters*, 1994, 44(1 –2): 191 –195.

[13] John William Hatfield. Ricardian Equivalence for Local Government Bonds: A Utility Maximization Approach[J]. *Economics Letters*, 2010, 107(2): 148 –151.

[14] Raju Singh and Alexander Plekhanov. How Should Subnational Government Borrowing Be Regulated? Some Cross – Country Empirical Evidence [R]. International Monetary Fund, March 2005.

[15]李俊生. 公共财政研究报告——中国地方债务管理研究[M]. 北京:中国财政经济出版社, 2011:6.

[16]刘俐. 发行地方公债支持上海基础建设[J]. 上海金融, 1987(2): 17 –18.

[17]张琳, 陈本燕, 邹敏. 关于西部大开发中发行地方政府债券的思考[J]. 财政研究, 2001(1): 76 –78.

[18]洪源. 发行市政债券:支持"长株潭"城市基础设施建设的有效融资模式[J]. 地方财政研究, 2009(4): 13 –17.

[19]邓晓兰, 王俊霞, 廖凯. 关于地方政府债务融资的思考[J]. 西部财会, 2003(4): 4 –6.

[20]邓晓兰, 曾小春, 廖凯. 论财政分权体制中的地方公债融资权[J]. 财贸经济, 2005(5): 39 –42.

[21]毛寿龙. 市政债券与治道变革[J]. 管理世界, 2005(3): 43 –49.

[22]杨志勇. 地方债启动之配套条件研究[J]. 地方财政研究, 2009(4): 4 –8.

[23]Ziebell,MT., Mary JR. The decision to rate or not to rate: The case of municipal bonds[J]. *Journal of Economics and Business*, 1992(44): 301 –316.

[24][日]丹羽由夏. 地方債の信用力[J]. 農林金融, 2004(1): 28 –43.

[25]William,E. Morgan, Orman Paananen. The Effects of State Guarantees of Municipal Bonds [J]. *The Annals of Regional Science*, 1978, 12(2): 54 –63.

[26]Simonsen William, Larry Hill. Municipal Bond Issuance: is There Evidence of A Principal – agent Problem? [J]. *Public Budgeting and Finance*, 1998, 18(4): 71 –100.

[27]Kenneth A. Kriz. Risk Aversion and the Pricing of Municipal Bonds [J]. *Public Budgeting and Finance*, 2004(6): 74 - 87.

[28]Jun Peng and Peter F. Brucato. A Comprehensive Evaluation of the Comparative Cost of Negotiated and Competitive Methods of Municipal Bond Issuance[J]. *Municipal Finance Journal*, 2008(Winter):61 - 76.

[29][日]土居丈郎.地方債改革の経済学[M].东京:日本経済新聞出版社, 2007:6.

[30]Matthew, R. M. Did Tax Reform Kill Segmentation in the Municipal Bond Market? [J]. *Public Administration Review*, 1994, 54(4): 387 - 390.

[31]W. Bartley. The Evolution of the State and Local Government Municipal Debt Market over the Past Quarter Century[J]. *Public Budgeting & Finance*, 2005(12): 127 - 153.

[32][日]鈴木伸幸. 地方債制度をとりまく環境変化と制度改革の展望 - 市場メカニズムと財政ルール[J]. NRI パブリックマネジメントレビュー, 2005(10): 1 - 6.

[33][日]井潟正彦, 三宅裕樹. わが国地方債市場のインフラ整備の現状と展望[J]. 資本市場クォータリー, 2007(Autumn): 31 - 45.

[34]金永军, 陈柳钦, 万志宏. 2009 年地方债: 制度博弈的分析视角[J]. 财经科学, 2009(10): 35 - 42.

[35]邓晓兰, 谢平, 赵智勇. 新制度经济学视角下的地方公债风险研究[J].宏观经济研究, 2010(5): 62 - 66.

[36]James Leigland. Accelerating Municipal Bond Market Development in Emerging Economies: An Assessment of Strategies and Progress [J]. *Public Budgeting & Finance*,1997.

[37]贾康. 关于发展中国地方政府公债融资的研究[J]. 经济社会体制比较, 2002(5): 38 - 45.

[38]董奋义, 苗锋. 我国地方政府债券融资研究[J]. 经济体制改革, 2003(3): 100 - 103.

[39]方红生. 一个中央和地方政府共享债券发行的模型[J]. 财经科学, 2002(6): 15 - 18.

[40]邓晓兰, 廖凯. 中央政府监管下的地方公债融资制度构想[J]. 当

代经济科学，2004，26(3)：76－96.

[41]王红建. 地方公债、财政分权与宪政的实现[J]. 河南社会科学，2009(2)：74－79.

[42]冯果，李安安. 中央代发地方债券的经济法分析——兼论政府间财政关系的法治化进路[J]. 广东社会科学，2011(4)：233－237.

[43]刘叔申，吕凯波. 财政分权理论研究与展望[J]. 公共财政评论，2011(1)：147－155.

[44]Oates, W. E. An essay on fiscal Federalism[J]. *Journal of Economic Literature*, 1999, XXXVII(11).

[45]杨之刚. 财政分权理论与基层公共财政改革[M]. 北京：经济科学出版社，2006.

[46]Hayek, F. A. The Use of Knowledge in Society[J]. *American Economic Review*, 1945(35).

[47]Tiebout, C. A. The Pure Theory of Local Expenditures[J]. *Journal of Political Economy*, 1956, 64(5): 416－424.

[48]Musgrave, R. A. *Public Finance in Theory and Practice: A Study in Public Economy*[M]. New York: McGraw－Hill, 1959.

[49]Oates, W. E. *Fiscal Federalism*[M]. New York: Harcourt Brace Jovanovich, 1972: 35.

[50]Oates, W. E. An Essay on Fiscal Federalism[J]. *Journal of Economic Literature*, 1999, 37(3): 1120－1149.

[51]Pawel Swianiewicz. Local Government Borrowing: Risks and Rewards [R]. Local Government and Public Service Reform Initiative, Open Society Institute, 2004.

[52]World Bank. Should Borrowing by the Public Sector Be Decentralised [R]. Decentralisation Thematic Team Report, 2004.

[53]Barry, R. Wingast. Second Generation Fiscal Federalism: the Implications of Fiscal Incentive[J]. *Journal of Urban Economies*, 2009, 65(3): 279－293.

[54]Inman, R. P. and DanielL, Rubinfeld. Rethinking Federalism[J]. *Journal of Economic Perspectives*, 2001(4): 58－69.

[55]Collins, D. J. The 2000 Reform of Intergovernmental Fiscal Arrange-

ments in Australia [R]. Paper presented for the International Symposium in Quebec, Canada, 2001.

[56] Ostrom, E. *Governing the Commons: The Evolution of Institutions for Collective Action*[M]. Cambridge University Press, 1990.

[57] Wildasin, D. The Institutions of Federalism: Toward an Analytical Framework[J]. *National Tax Journal*, 2004,(57): 247 –272.

[58] Goodspeed T. J. Bailouts in a Federalism[J]. *International Tax and Public Finance*, 2002(9):409 –421.

[59] Boadway, R., Tremblay, J. F. A *Theory of Vertical Fiscal Imbalance* [M]. Queen's University Press, 2005.

[60] Musgrave, R. A. *Who should Tax Where and What?* [M]. C. McLure, Tax Assignment in Federal Countries, 1983:2 –19.

[61][美]罗伯特·齐普夫. 市政债券运作[M]. 北京:清华大学出版社,1998.

[62]王浩林. 地方公债研究[J]. 当代经济管理,2010(8):45 –48.

[63]谢艳娟. 公共选择视角下我国发行地方政府债券的风险探讨[J]. 商业时代,2010(5):102 –104.

[64] Qian, Yingyi and Gerard Roland. Federalism and the Soft Budget Constraint[J]. *American Economic Review*,1998,88(5).

[65]于长革. 中国财政分权的演进与创新[M]. 北京:经济科学出版社,2010.

[66]周黎安. 中国地方官员的晋升锦标赛模式研究[J]. 经济研究,2007(7):36 –50.

[67]董再平. 中国财政分权改革的历程考察和问题分析[J]. 生产力研究,2007(21):33 –36.

[68]财政部财科所. 60 年来中国财政发展历程与若干重要节点[J]. 改革,2009(10):47 –60.

[69]龚强,王俊,贾珅. 财政分权视角下的地方政府债务研究:一个综述[J]. 经济研究,2011(7):144 –156.

[70]冷永生. 中国政府间公共服务职责划分问题研究[D]. 北京:财政部财政科学研究所,2010.

[71]袁庆明. 新制度经济学教程[M]. 北京:中国发展出版社,2011:1.

[72]Coase, R. H. The Mature of the Firm [J]. *Economica*,1937(11): 386 -405.

[73]Coase, R. H. 社会成本问题[M]//财产权利与制度变迁. 上海:上海三联书店,1994.

[74]欧阳日辉,徐光东. 新制度经济学:发展历程、方法论和研究纲领[J]. 南开经济研究,2004(6):3 -9.

[75][美]威廉姆森. 资本主义经济制度[M]. 北京:商务印书馆,2002:6.

[76][美]阿兰·斯密德. 财产、权力和公共选择:对法和经济学的进一步思考[M]. 上海:上海人民出版社,1999:3.

[77][美]阿兰·斯密德. 制度与行为经济学[M]. 北京:中国人民大学出版社,2004,12:12 -14.

[78][英]马歇尔. 经济学原理[M]. 天津:天津人民出版社,2010:1.

[79][英]庇古. 福利经济学[M]. 北京:商务印书馆,2006:9.

[80]Akerlof, G. A. The Market for "Lemons": Quality Uncertainty and the Market Mechanism[J]. *The MIT Press*: *Quarterly Journal of Economics*, 1970, 84(3): 488 -500.

[81]Simon, H. A. *Theories of Bounded Rationality*[M]. University of Minnesota Press: Decision and organization: A Volume in Honour of Jacob Marschak, 1972.

[82]Knight, F. H. Risk, *Uncertainty and Profit*[M]. Boston: Houghton and Mifflin, 1921.

[83]张茉楠. 从有限理性到适应性理性[J]. 经济社会体制比较,2004(6):79 -84.

[84]David, P. A. Clio and the Economics of Qwerty[J]. *American Economic Review*, 1985, 75(2): 332 -337.

[85]Arthur, W. B. Competing Technologies, Increasing Returns and Lock - in by Historical Events[J]. *Economic Journal*,1999: 116 -131.

[86][美]诺斯. 制度、制度变迁与制度绩效[M]. 上海:格致出版社,2008:10.

[87]吴敬琏. 路径依赖与中国改革——对诺斯教授演讲的评论[J]. 改革,1995(3):57-59.

[88] Peter, A. Diamond. National Debt in A Neoclassical Growth Model [J]. *American Economic Review*, 1965(12): 1126-1150.

[89]张维迎. 博弈论与信息经济学[M]. 上海:上海人民出版社,2004:11.

[90]王则柯. 博弈论教程[M]. 北京:中国人民大学出版社,2004:11.

[91]王锐,张韶华,黎惠民. 从美日经验看地方公债制度[J]. 经济问题,2004(5):67-69.

[92]付传明. 论日本地方公债制度及其借鉴[J]. 武汉工程大学学报,2009(10):53-55.

[93]张海星. 美、日地方公债及启示[J]. 财经问题研究,2001(2):42-45.

[94] Pawel Swianiewicz. Local Government Borrowing: Risks and Rewards——A Report on Central and Eastern Europe[R]. Open Society Institute - Budapest, 2004.

[95]张志华,周娅尹,李峰. 澳大利亚的地方政府债务管理[J]. 中国财政,2008(11):65.

[96] Lane, T. D. Market Discipline [R]. International Monetary Fund: Staff Papers, 1993(3): 53-88.

[97][日]池上岳彦. カナダの州債と地方債-分権的システムの実態と日本への示唆[J]. 地方財務, 2000(8): 85-102.

[98]张志华,周娅尹,李峰. 巴西整治地方政府债务危机的经验教训及启示[J]. 经济研究参考,2008(22):11-14.

[99]宋立. 美国的市政债券及对我国的启示[J]. 宏观经济管理,2004(9):51-52.

[100]周艳. 比较国际经验探讨我国地方公债发行问题[J]. 黑龙江对外经贸,2007(8):100-102.

[101]付传明. 论日本地方公债制度及其借鉴[J]. 武汉工程大学学报,2009(10):53-55.

[102]任明东,王晨姝. 地方政府债券制度的国际比较及其对我国的启

示[J]. 湖北财经高等专科学校学报,2011(6):36 - 39.

[103]严宏宇,罗静美. 美、日地方公债监管制度比较及启示[J]. 财政监督,2007(7):63 - 64.

[104]王伟华. 发行地方公债制约因素与对策分析[J]. 金融与经济,2005(3):34 - 36.

[105]周尚文. 美国市政债券的发行机制及对我国发行地方公债的启示[J]. 湖北经济学院学报(人文社会科学版),2010(6):36 - 37.

[106][日]稲生信男. 自治体改革と地方債制度——マーケットとの協働[M]. 出版地不详:学陽書房, 2003, 11.

[107]杨萍. 国外地方政府债券市场的发展经验[J]. 经济社会体制比较,2004(1):137 - 141.

[108]靖培建. 美、日两国地方公债风险的防范及其对我国的启示[J]. 产业与科技论坛,2009(8):166 - 167.

[109][日]日本格付研究所. 地方債格付の格付手法[R]. http://www. jcr. co. jp/rat_publ/pdf/rat_ publ20080 226_1. pdf.

[110]刘晓凤. 美日法地方债制度的变迁及特点[J]. 中国财政,2010(6):71 - 73.

[111]陈可. 从欧洲债务危机看中国信用评级机构[J]. 经营管理者,2011(1):19.

[112]庞德良,唐艺彬. 日本地方债制度及其变革分析[J]. 现代日本经济,2011(5):11 - 15.

[113]曹小武. 论我国地方公债发行方式的制度安排[J]. 湖北经济学院学报,2010(9):27 - 30.

[114]财政部代理发行 2009 年地方债券招投标和考核规则[EB]. http://www. chinabond. com. cn/ Info/9670192.

[115]李华罡. 地方公债发行为何遭到冷遇 [J]. 银行家,2009(5):84 - 85.

[116]贾洪文,胡琴. 中央代发地方公债的理论分析与实践探讨——以 2009 年地方公债为例[J]. 甘肃行政学院学报,2009(6):95 - 100.

[117]周飞舟. 分税制十年: 制度及其影响[J]. 中国社会科学,2006(6):100 - 115.

[118]代明明. 我国地方公债发行制度研究[D]. 北京:首都经济贸易大学,2010,05.

[119]石珩,姜武汉. 地方政府融资平台的现状、问题及建议[J]. 国土资源情报,2010(11):10 - 13.

[120]金永军,陈柳钦,万志宏. 2009 年地方债:制度博弈的分析视角[J]. 财经科学,2009(10):35 - 42.

[121]高培勇,宋永明. 公共债务管理[M]. 北京:经济科学出版社,2004,10:282 - 283.

[122]谢启才. 人民胜利折实公债初探[J]. 中国钱币,2008(2):55 - 58.

[123]全国人民代表大会常务委员会. 中华人民共和国地方经济建设公债条例[EB/OL]. [1958 - 06 - 05]. http://www. law - lib. com/law/law_view. asp? id = 94728.

[124]姜长青. 建国以来三次发行地方债券的历史考察——以财政体制变迁为视角[J]. 地方财政研究,2010(4):20 - 25.

[125]阎坤,陈昌盛. 中国财政分权的实践与评析[J]. 广东社会科学,2003(5):39 - 46.

[126]王铁军. 中国地方政府融资 22 种模式[M]. 北京:中国金融出版社,2006:9.

[127]贾康. 天量隐性地方债如何走向阳光[J]. 中国报道,2010(7):91 - 93.

[128]陈瑞雪. 浅析地方政府融资平台问题[J]. 中国城市经济,2010(12):81.

[129]詹向阳. 辩证看待地方政府融资平台发展[J]. 中国金融,2010(7):38 - 40.

[130]项怀诚. “分税制”改革的回顾与展望——在武汉大学 110 周年校庆“专家论坛”上的报告[J]. 武汉大学学报(哲学社会科学版),2004(1):5 - 11.

[131]姜维壮,王倩. 地方债发行管理比较研究[J]. 中央财经大学学报,2009(10):60 - 65.

[132]王红建. 地方公债、财政分权与宪政的实现[J]. 河南社会科学,2009(3):74 - 79.

[133]赵晔. 当前金融危机下中国财政政策的选择[J]. 经济研究导刊,2009(36):15－17.

[134]马洪范. 中央代发地方政府债券的历史使命与战略意义[J]. 中国金融,2009(5):67－68.

[135]林毅夫. 关于制度变迁的经济学理论:诱致性变迁与强制性变迁[M]//[美]R. 科斯阿尔钦,D. 诺斯. 财产权利与制度变迁——产权学派与新制度学派译文集. 上海:上海人民出版社,2005:398－424.

[136]胡鞍钢. 分税制:评级与建议[J]. 中国软科学,1996(8):37－43.

[137]财政部财政科学研究所、吉林省财政厅联合课题组. 中国财政体制改革研究[J]. 经济研究参考,2011(50):2－22.

[138]杨俊. 分税制背景下我国央地财政分配关系之中的"隐性博弈"问题及其矫治分析[J]. 公共财政评论,2011(1):135－146.

[139]江依. 我国地方公债风险研究[D]. 广州:广东商学院,2010,05.

[140]周飞舟. 分税制十年: 制度及其影响[J]. 中国社会科学,2006(6):100－115.

[141]平新乔,白洁. 中国财政分权与地方公共品的供给[J]. 财贸经济,2006(2):49－56.

[142]贾康. 分税制改革需要继续深化[J]. 中国改革,2006(2):45－47.

[143]叶必丰. 经济宪法学研究的尝试:分税制决定权的宪法解释[J]. 上海交通大学学报(哲学社会科学版),2007(6):5－14.

[144]肯·宾默尔. 博弈论教程[M]. 上海:格致出版社,上海三联书店,上海人民出版社,2010,1.

[145]邓妍. 我国地方政府债券发行模式及发行风险控制研究[D]. 北京:北京交通大学,2011.

[146]唐丽萍. 我国地方政府竞争中的地方治理研究[D]. 上海:复旦大学,2007.4.

[147]刘承礼. 当代地方政府行为的新制度经济学分析[J]. 天津社会科学,2009(1): 61.

[148]光明. 浅析日本财政金融改革下的地方公债市场[J]. 东方企业文化,2011(12):102－104.

[149][日]土居丈朗、林伴子、鈴木伸幸. 金融機関アンケート調査結

果を踏まえた地方債制度の今後のあり方[R]. 内閣府経済社会総合研究所,2005:9.

[150]黄瑛. 地方政府债券融资:模式选择与风险控制[D]. 北京:中国社会科学院,2011,5.

[151]陈纪瑜,陈静. 地方政府发债中防范地方财政风险的管理机制研究[J]. 求索,2010(3):29-31.

[152]李凌嘉. 对中央代发地方政府债券的探讨[J]. 知识经济,2009,06:43.

[153]张永忠. 我国财政立宪问题探讨[J]. 人大研究,2004(11):44-45.

[154]冷永生. 中国政府间公共服务职责划分问题研究[D]. 北京:财政部财政科学研究所,2010,6.

[155]宋立. 美国的市政债券及对我国的启示[J]. 宏观经济管理,2004(9):51-52.

[156]张瑜. 我国地方政府债券发行的问题分析——基于2009年地方债券的发行案例[J]. 山西财政税务专科学校学报,2012(4): 8-11.

[157]周尚文. 美国市政债券的发行机制及对我国发行地方政府债券的启示[J]. 湖北经济学院学报(人文社会科学版),2010(6):36-37.

[158]时炜、王大树. 地方公债的经济影响分析[J]. 财经理论与实践,2009(5):40-43.

[159]赵新安,秦启岭. 国债期限结构与国债规模[J]. 当代财经,1999(10):32-34.

[160]李扬. 国债规模: 在财政与金融之间寻求平衡[J]. 财贸经济,2003(1):51-57.

[161]钟永圣. 论当前我国国债期限结构的选择[J]. 经济导刊,1997(3):32-34.

[162]成建平,王华杰. 浅谈国债期限多样化的设想及效应[J]. 中央财政金融学院学报,1995(12):49-50.

[163]宋永明,昌忠泽. 国债期限结构理论及其在成本管理中的应用[J]. 财经问题研究,2004(2):19-22.

[164]刘瑞娟. 地方政府债券利率的影响因素研究[J]. 工会论坛(山东省工会管理干部学院学报),2010(4):94-95.

[165]舒敏. 债券期限与发行价格的关系探讨[J]. 财会月刊,2010(10):53-54.

[166]陈元燮. 建立信用评级指标体系的几个理论问题[J]. 财经问题研究,2000(8):3-8.

[167]何运强,方兆本. 债券信用评级与信用风险[J]. 管理科学,2003(4):45-50.

[168]朱全涛,张克中. 信用评级:一种解决非对称信息问题的新方法[J]. 科技进步与对策,2007(1):194-197.

[169]于晨曦. 信用评级方法与模式[J]. 中国城市金融,2001(3):50-51.

[170]征信管理局. 中国人民银行信用评级管理指导意见[P/OL]. [2010-10-25]. http://www.pbc.gov.cn/publish/zhengxinguanliju/3102/2010/20101025115237349871998/20101025115237349871998_.html.

[171]中国证券监督管理委员会. 证券市场资信评级业务管理暂行办法[P/OL][2007-08-24][2007-08-27],http://www.gov.cn/ziliao/flfg/2007-08/27/content_728036.htm.

[172]吴风云,赵静梅. 论美国证券信用评级霸权[J]. 世界经济,2005(2):44-51.

[173]刘铮铮. 基于层次分析法的商业银行信用评级模型研究[D]. 西安:西北工业大学,2006,03.

[174]江涌. 国际三大信用评级公司透视[J]. 求是,2006(19):60-62.

[175]应娟,张益新. 信用评级机构收费模式探讨[J]. 上海金融,2006(6):73-75.

[176]贺晓波,李杨. 全球次级债危机对我国债券市场信用评级的启示[J]. 现代财经,2008(4):21-23.

[177]许军,李新. 发展我国债券信用评级市场的思考[J]. 中国金融,2006(7):56-57.

[178]何伟,周晓志. 中国信用评级机构发展状况分析[J]. 上海金融,2009(5):94-95.

[179]谢平,许国平,李德. 运用信用评级原理加强金融监管[J]. 管理世界,2001(1):125-131.

[180]赵丽容. 我国地方政府债券法律问题的研究[D]. 广州:华南理

工大学,2011,04.

[181]王岩. 我国地方政府公债发行方式问题研究[D]. 长春:东北师范大学,2010.

[182]黄雯,王俭保. 我国国债发行方式简析[J]. 上海金融,2001(12):36-37.

[183]贾蔚. 中国国债发行管理研究[D]. 北京:北京工业大学,2003,4.

[184]陈兆梅. 我国国债发行市场效率分析[D]. 上海:上海交通大学,2007,06.

[185]姜长青. 建国以来三次发行地方债券的历史考察——以财政体制变迁为视角[J]. 地方财政研究,2010(4):20-25.

[186]李华罡,徐园园. 地方政府债券发行为何遭到冷遇[J]. 银行家,2009(5):84-85.

[187]陈伟. 国债发行机制研究[D]. 苏州:苏州大学,2003,4.

[188]冯博. 关于完善我国债券发行方式的思考[J]. 中国金融,2000(3):33-34.

[189]黄瑞刚,张旭昆. 拍卖理论综述[J]. 经济学动态,2005(3):109-114.

[190]维佳·克里斯纳. 拍卖理论[M]. 北京:中国人民大学出版社,2010:1.

[191]许永国. 拍卖经济理论综述[J]. 经济研究,2002(9):84-95.

[192]汪海,张卫东,王晶晶. 最优拍卖理论及其实践述评[J]. 经济问题探索,2007(10):172-176.

[193]许鸣. 我国发行地方债券面临的新问题及对策分析[J]. 经济纵横,2009(8):99-101.

重要术语索引表

后记

中国地方政府债券自2009年恢复发行以来,规模逐步扩大。2017年年底,地方政府债券存量首次超过国债,达到14.74万亿元。党的十九大明确提出要建立“权责清晰、财力协调、区域均衡的中央与地方财政关系”。作为一种相对规范的地方政府融资方式,地方政府债券市场的发展与完善,对于形成中央和地方合理的财力格局,为各级政府履行财政事权和支出责任提供有力保障,以及推进财政分权改革都具有深远的战略意义。我很有幸可以成为研究地方政府债券的科研工作者之一。

这本专著的完成,首先要诚挚地感谢我的导师邓晓兰教授。正是邓教授指引我进入地方政府债券研究领域,并一路悉心指导。邓教授既是我的恩师,也是我的慈母。老师不但指导了我的写作,更是在工作和生活上予以我莫大的帮助与指引。

感谢西安交通大学经济与金融学院的孙早教授、宋丽颖教授、李香菊教授、李国平教授等老师对于我著作框架和内容给予的宝贵建议。

感谢黄显林、张旭涛、马保明、郑良海、刘华、陈拓等同门,他们在材料搜集、思路扩展和理论推导方面都提供了诸多无私的帮助。

感谢我西北大学的同事马小勇教授、刘力教授、朱云杰教授等老师长年来在学术和生活中给予的指导与帮助。

感谢宁波财经学院的新同事刘莉教授、李书进教授对于我的鼓励与支持。

衷心感谢贺静老师矜矜业业、尽职尽责的编辑工作。

家人是我永远的支柱。我要感谢我的父母,是他们的支持使得我可以获得一个宽松安逸的学习环境。还要感谢我的爱人张春燕，是她一如既往的默默付出使我可以顺利完成学业和论文。

谨以此书感谢西安交通大学经济与金融学院，以及所有帮助过我的老师、同学、朋友和我的亲人。

谢谢你们！

谢　平

2018 年 6 月